ENFRENTARSE A LAS ADICCIONES

MILENIO
ensayo

76

Josep Solé
Miquel Àngel Prats
Francesc Torralba

ENFRENTARSE
A LAS ADICCIONES

Prólogo de Joan-Enric Vives i Sicília

Editorial
MILENIO
LLEIDA, 2024

© Josep Solé Puig, Miquel Àngel Prats Fernández
y Francesc Torralba Roselló, 2024
© del prólogo: Joan Enric Vives i Sicília, 2024
© de esta edición: Milenio Publicaciones SL, 2024
Sant Salvador, 8 - 25005 Lleida (España)
www.edmilenio.com
editorial@edmilenio.com
Primera edición: junio de 2024
ISBN: 978-84-19884-63-3
DL: L 305-2024
Impreso en Arts Gràfiques Bobalà, SL
www.bobala.cat

Printed in Spain

ÍNDICE

PRÓLOGO

El objeto de este libro son las adicciones. En él se aborda de forma interdisciplinaria una temática muy compleja que tiene una gran trascendencia social. Toda adicción constituye una privación de libertad para la persona que la padece, una pérdida de las facultades para determinarse por uno mismo.

Existen múltiples formas de adicción y cada una requiere una perspectiva terapéutica. Frente a un problema de tal magnitud, es necesario unir todo el esfuerzo humano y técnico, ya que la adicción no solo tiene una dimensión individual, sino que afecta directamente al entorno afectivo de la persona que la padece, sobre todo a la familia.

En este librito se recogen las ponencias que tuvieron lugar en la Cátedra de Pensamiento Cristiano del Obispado de Urgell dirigida por el profesor Francesc Torralba, que celebra anualmente el Obispado de Urgell durante el mes de mayo.

Los ponentes expusieron sus puntos de vista a través de sus ponencias, que fueron objeto, *a posteriori*, de un diálogo abierto y esclarecedor. Además del punto de vista médico, el libro recoge también el enfoque educativo y ético. Primero se aborda la noción de *adicción* y las múltiples formas que puede tener en nuestro mundo, desde la drogadicción hasta las nuevas formas de adicción tecnológica que sufren jóvenes y adultos en nuestra sociedad. Por último, se explora el abordaje ético de la adicción, cómo responder y cuáles son los principios éticos que deben regular esta respuesta: el respeto a la sublime dignidad de la persona humana, independientemente de cuál sea su patología o adicción; el deber de promover una libertad sana dentro de un proyecto de vida que construya plenamente a la persona y el principio de solidaridad que existe, para responder a la situación y evitar la caída en la indiferencia.

La adicción es una forma de alienación, pero además es una expresión de la fragilidad humana. Todo ser humano está expuesto a la caída, a la enfermedad, al fracaso, a la herida y a la muerte. Nadie es ajeno a la posibilidad de sucumbir a una adicción. Toda adicción es un secuestro de la identidad personal, una forma de servidumbre que usurpa a la persona su capacidad de gobernarse y regularse por sí misma.

La persona adicta se convierte en un ser extraño, ajeno a sí mismo, sin voluntad, que depende de una sustancia o de un producto, por lo que se transforma en un objeto al servicio de un fin que lo destruye. La persona humana, en tanto que ser creada a imagen y semejanza de Dios, es un ser digno por sí mismo, un ser que debe ser tratado siempre y en cualquier circunstancia como un fin y nunca únicamente como un instrumento. Prevenir cualquier forma de adicción y combatir las adicciones que se dan en el cuerpo social constituye una exigencia ética y política, una expresión de solidaridad y de responsabilidad. No podemos ser ajenos a esta realidad, ni contemplarla como objeto extraño a nuestro ser.

En los textos del Antiguo y del Nuevo Testamento se nos recuerda el carácter lábil y vulnerable del ser humano, que es comparado con el polvo o con un vaso de arcilla. Precisamente porque el ser humano es frágil, resulta que en todo el tejido de la vida es imprescindible el ejercicio del cuidado.

Si fuéramos dioses, no deberíamos cuidar unos de otros, pero dada nuestra radical fragilidad, requerimos, de una manera imprescindible, la práctica del cuidado tanto en el plano físico como en el anímico.

La fragilidad tiene, además de una connotación inevitablemente física, también una de signo moral. Evoca la posibilidad de caer, de fallar, de errar y, por tanto, también la necesidad del arrepentimiento y de la reconciliación. La fragilidad puede ser de carácter consciente o inconsciente. Cuando uno mismo sabe que puede romperse, que puede ser herido, que puede sucumbir al mal, ya tiene conciencia de sus límites, lo que le hace más sabio que quien ignora su fragilidad.

La fragilidad tiene un carácter ambiguo. Por un lado, es negativa porque denota limitación, carencia, indigencia y precariedad, en definitiva, labilidad, pero, por otro, es positiva, porque es la misma raíz del nexo de la relación interpersonal. La fragilidad nos exige abrirnos a los demás. Cuando experimentamos una situación de vulnerabilidad, nos damos cuenta de la necesidad que tenemos de los demás para poder soportarla y enfrentarnos a ella dignamente.

La experiencia de fragilidad, además, nos permite sintonizar con la fragilidad de los demás y esto nos hace más fraternos, más humanos. En situaciones de fragilidad, no solo nos damos cuenta del valor que tiene la comunidad y los vínculos de compasión que se tejen, sino que, además, experimentamos nuestra pequeñez, nuestra insignificancia y, paralelamente, la necesidad que tenemos de Dios para que nos sostenga en cada instante. Esto nos hace humildes desde un punto de vista ontológico y nos permite desapegarnos de la soberbia existencial.

La fragilidad moral tiene su correlato teológico en el concepto de *pecado*. El pecado se da cuando se transgrede la ley de Dios y la transgresión es consecuencia de la fragilidad o debilidad moral. Cuando uno se reconoce a sí mismo como frágil o teológicamente como pecador, se da cuenta de la necesidad que tiene de la gracia de Dios para recibir el don del perdón y para curar las heridas que ha provocado en su ser la fragilidad, sabiendo que, como dice el salmo 103, 8.13-14: «El Señor es compasivo y benigno, lento para el castigo, fiel en el amor (...) Como un padre se apiada de sus hijos, el Señor se apiada de los fieles, porque sabe de qué barro nos formó y se acuerda de que somos polvo».

La adicción es una expresión de la fragilidad humana. Frente a la fragilidad, se impone la ayuda mutua, la respuesta ética, la misericordia. Sin embargo, para que esta respuesta sea eficaz y, finalmente, libere a la persona de la servidumbre de la adicción, es imprescindible el conocimiento, las aportaciones de la ciencia médica, de la psicología, de las diferentes ramas del saber que permiten adentrarnos en los efectos que tiene la adicción en un ser humano.

Este pequeño libro nos ayuda a clarificar la cuestión y a vislumbrar propuestas esperanzadoras para abordar con acierto este drama social que genera tanto sufrimiento.

Monseñor JOAN-ENRIC VIVES I SICÍLIA
Arzobispo de Urgell

MAPA DE ADICCIONES. CLAVES DE ORIENTACIÓN EN UN FENÓMENO COMPLEJO

Josep Solé Puig

Introducción

Le agradezco el título a Francesc Torralba; el subtítulo es mío. No hay duda de que las adicciones determinan una realidad difícil de abarcar. Ante ello, lo que de entrada hay que hacer es disponer de alguna ayuda cartográfica e intentar orientarse. Por suerte, he hallado un mapa de los CAS de Cataluña actualizado en 2023. ¿Y qué son los CAS? Pues un CAS es un centro de atención y seguimiento de drogodependencias, es un ambulatorio especializado en drogadicciones. Los CAS se fundaron a partir de los años ochenta. He de decir que el primero, inaugurado en 1981 por el gran demócrata cristiano Miquel Coll i Alentorn, fue el CAS de Cruz Roja en el Raval de Barcelona, del cual yo fui el primer psiquiatra.

Antes de entrar en materia, todos estamos de acuerdo en que para afrontar el grave problema de las adicciones lo que nos hace falta es, sin duda, esperanza. En primer lugar, a los afectados y a sus familias, ya que a lo largo del tortuoso y muchas veces engañoso itinerario del tratamiento y la rehabilitación psicosocial existe desgraciadamente un número muy elevado de circunstancias en que es muy fácil perder la esperanza. Las recaídas en la conducta adictiva después de meses e incluso años de haber dejado el alcohol o las drogas son anímicamente

Figura 1
MAPA DE LOS CENTROS DE ATENCIÓN
Y SEGUIMIENTO DE DROGODEPENDENCIAS EN CATALUÑA

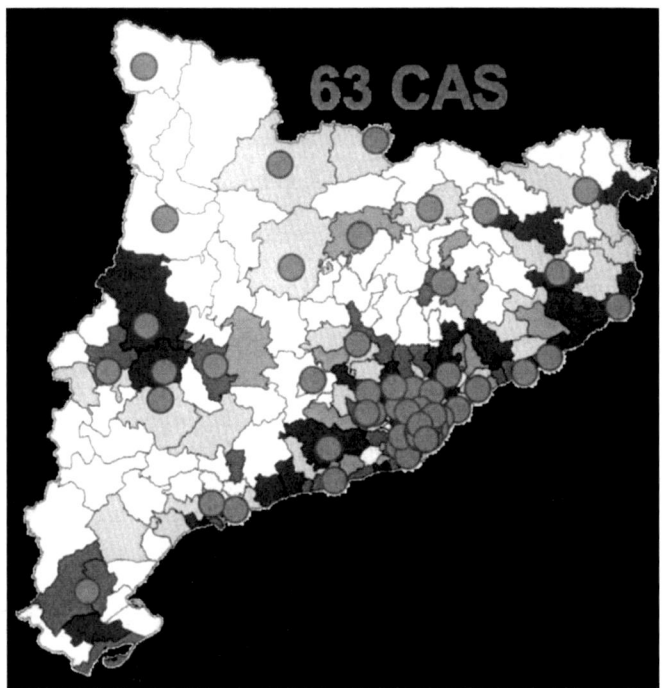

Fuente: Víctor Martí, portavoz de la Coordinadora de los CAS (véase bibliografía).

devastadoras para los pacientes y los familiares. Pueden abocar al nihilismo, a actitudes de desesperanza a veces tan profunda que a cuidadores y terapeutas se les hace difícil ayudar a afrontarla. En este punto vale la pena recordar que la quizá un poco olvidada *spes* de los autores clásicos —desde Pablo de Tarso al Ernst Bloch del principio *esperanza y las utopías concretas*— vuelve a la máxima actualidad precisamente en este contexto del sufrimiento humano. Quien padece el flagelo de las adicciones debe mantener la esperanza, debe luchar con toda su fortaleza —otra virtud, por cierto—. Este lenguaje podría parecer anticuado, pero si lo pensamos detenidamente, cuando hablamos con términos ahora actuales como *motivación* y *propósitos a largo plazo*, no hacemos otra cosa que traducir conceptos que vienen de lejos y que se hacen una y otra vez presentes siempre que se trate de ayudar a recuperar y mantener la esperanza de los afectados y los familiares.

Para empezar, la mejor manera de calibrar el alcance del problema afrontado es conocer la infraestructura pública, sanitaria y social que a lo largo de décadas se ha ido levantando en nuestro país y en Europa. Hacer tal cosa vale la pena porque nos permite conservar la esperanza gracias a la existencia de realidades tangibles y valiosas siempre que se trata de ayudar a personas que sufren problemas físicos, psíquicos y también sociales. Todos los dispositivos que enseguida veremos son una demostración de que cuando hablamos de esperanza no lo hacemos de forma retórica y en el vacío, sino que lo hacemos desde una actitud profesional, sin duda seria e implicada y con recursos y herramientas que han demostrado ser útiles en muchos casos. O sea, que el problema está ahí y es un problema de lo más grave y que afecta a muchos, pero hay motivos reales de esperanza, y los esfuerzos de todos —pacientes, familias, cuidadores— no son en vano. Basar nuestra esperanza en los recursos materiales y humanos existentes, en dispositivos y equipos profesionales y voluntarios entregados a su tarea, permite poner en primer plano la solución y no tanto el problema. Permite pensar, yo creo que de forma legítima, el mapa de adicciones en términos de mapa de las principales medidas disponibles para hacer frente a las adicciones y ayudar a las personas que las sufren.

Dispositivos de ayuda en el territorio

Volvamos al mapa. Vemos cómo los CAS, los centros de atención y seguimiento de drogodependencias en Cataluña, son numerosos y se han distribuido en las ciudades más importantes. La Seu d'Urgell dispone de uno, y también las capitales comarcales vecinas como Vielha, Puigcerdá, Tremp y Solsona. En este mapa puede verse que se concentran en el área de influencia de Barcelona, Lérida y Gerona, donde hay más población y, por tanto, más personas afectadas por el consumo de alcohol y drogas. Las dotaciones de profesionales en los diferentes CAS varían según el volumen de la población que han de atender. Los CAS mejor dotados incluyen profesionales de la medicina y/o psiquiatría, psicología, enfermería y trabajo social. Otros ambulatorios especializados en drogodependencias, situados en zonas menos pobladas, tienen menos dotación de personal, pero en la mayoría de los casos ofrecen una asistencia que como mínimo prestan profesionales de la medicina y la enfermería.

Pero los CAS no están solos a la hora de ayudar a las personas afectadas por el consumo de sustancias de abuso. Tienen a su lado los centros de salud mental tanto de adultos (CSMA) como infantojuveniles (CSMIJ) y los centros de atención primaria (CAP). Los centros de salud mental se centran en los problemas de salud mental en general y sobre todo en las enfermedades psiquiátricas más graves, como la esquizofrenia, el trastorno bipolar y los trastornos de la personalidad; trabajan allí profesionales de la psiquiatría, psicología, enfermería y trabajo social. En este punto debe mencionarse que en los casos más graves los trastornos por uso de sustancias se pueden complicar a trastornos inducidos por sustancias, con la posible aparición de delirios, alucinaciones, ideas de suicidio, crisis de agitación y otros síntomas; volveremos a ello más adelante, pero ya resulta evidente que estos casos son beneficiarios de la colaboración entre los equipos del CAS y del CSMA. Los CAP, con los profesionales de la medicina de familia y la pediatría, son también fundamentales para ayudar a las personas afectadas. Suelen ser los primeros en detectar los trastornos por consumo de alcohol y drogas así como en tratar y orientar a los afectados y las familias. Hasta el punto de que hay ahora una experiencia piloto en Vielha (Val d'Aran) por la cual, cuando los menores de edad llegan a urgencias con intoxicación etílica, el personal previamente formado en el manejo y la intervención breve (prevención) los deriva a pediatría si tienen doce o trece años y a atención primaria si tienen de catorce a dieciocho años. En Castilla y León también se implementó una iniciativa similar, el programa Ícaro-alcohol. Son mejoras asistenciales que quieren afrontar las consecuencias del abuso de sustancias, en este caso del alcohol, que con demasiada frecuencia protagonizan los adolescentes e incluso los niños.

Y no solo los ambulatorios tienen la misión de asistir a las personas afectadas. Los hospitales generales y los psiquiátricos son también importantes a la hora de ayudar. Las consecuencias del consumo de sustancias de abuso pueden alcanzar niveles de gravedad que justifiquen el ingreso en un dispositivo residencial, normalmente de permanencia breve, pero que no raramente hay que prolongar. Es el caso de las personas con daño orgánico o con patología psiquiátrica. Los ejemplos emblemáticos de consecuencia física por uso de estas sustancias son el daño que el alcoholismo inflige al hígado (hepatopatía/cirrosis hepática alcohólica) y el daño que el tabaco inflige al pulmón (carcinoma pulmonar). Pero hay muchos más daños corporales por consumo de sustancias, especialmente por alcohol: cáncer de estómago, de vejiga urinaria de páncreas; infartos de miocardio, angiopatías; neuropatías; traumatismos por accidentes de tráfico y laborales; etc. Los hospitales psiquiátricos atienden a los consumidores de sustancias que no se pueden desintoxicar porque se hallan demasiado afectados y necesitan residir en un espacio donde puedan recibir contención y tratamiento. Suelen ser personas sometidas a conflictos y situaciones de estrés desbordantes, que tienen menos disponibilidad de seguimiento o que están menos motivadas. O son personas que, como se aludía más arriba, presentan síntomas psicóticos, bipolares, de depresión y ansiedad graves, obsesivo-compulsivos, del sueño, sexuales, confusionarios o neurocognitivos. Es frecuente que estos síntomas sean atribuibles a los trastornos inducidos por el consumo de sustancias y que mejoren mucho e incluso desaparezcan con la desintoxicación y la abstinencia mantenida. Pero no raramente el abuso de alcohol y otras drogas acaba por conducir a esquizofrenia, trastorno bipolar y otras enfermedades psiquiátricas potencialmente graves. En estos casos la evolución puede ser crónica y es por esto que el enfermo debe permanecer en unidades hospitalarias de estancia media o incluso larga. Afortunadamente, la mayoría de estancias hospitalarias en salud mental son breves, de semanas, y corresponden a unidades que llamamos *de agudos*. Un ejemplo de unidad de agudos es la del hospital Benito Menni en Sant Boi, dotada de un programa donde son atendidos específicamente enfermos con patología doble, dual: diagnóstico de abuso de sustancias y diagnóstico de salud mental. Es el programa de patología dual, que integra el tratamiento hospitalario de ambos diagnósticos. El tratamiento conjunto es el que se viene preconizando en los últimos años y por esta razón el hospital Benito Menni integró las camas de patología dual en la unidad de agudos. Este mismo hospital también integró la atención del CAS en Sant Boi con la del CSMA de dicha ciudad, que pertenece igualmente al Benito Menni, Complejo Asistencial en Salud Mental (Benito Menni CASM). Esta doble integración, la hospitalaria de la patología dual en agudos y la ambulatoria del CAS en el CSMA, ha demostrado ser un acierto para la población afectada y, obviamente, la ha facilitado el hecho de que todos estos dispositivos pertenecen a la misma gran institución, Benito Menni CASM. Se trata de una ventaja que no tienen otros dispositivos del territorio al pertenecer a instituciones diferentes, lo que explica que integraciones de dispositivos muy similares y superponibles —y por tanto deseables— permanezcan estancadas.

En la asistencia sanitaria y social a las drogodependencias destacan unos dispositivos residenciales bien específicos: las comunidades terapéuticas en el medio rural y los pisos de reinserción social en el medio urbano. Son dispositivos residenciales con monitores, educadores sociales y psicólogos como principal dotación profesional. Las estancias pueden ser cortas, medianas y largas, hasta dieciocho meses; en las estancias breves hay más intensidad de la intervención profesional. El Departament de Benestar i Família financia las estancias, junto con el copago siempre que sea posible. Los candidatos a ser acogidos en comunidad terapéutica y en piso de reinserción social son aquellos que tienen necesidad de contención y de alejamiento del entorno, que han pasado por un proceso reiterado de tratamientos ambulatorios sin éxitos relevantes, y que muestran desestructuración familiar y de hábi-tos básicos y sociales. El Departament mencionado colabora con trece organizaciones acreditadas: AEC-GRIS, AAT, ATART, ATRA, Egueiro, Forma 21, CECAS, DIANOVA, FCiV, Font Picant, FSiC, OBINSO y Proyecto Hombre. Es evidente que todas comparten plenamente los valores humanitarios inherentes a la tarea de ayudar a que las personas afectadas se puedan rehabilitar de forma estable. Todas ellas son aconfesionales, excepto CECAS, que lleva a cabo la acción social de Cáritas Catalunya en las personas afectadas, y Proyecto Hombre, con resonancia mediática, que proviene del Progetto Uomo fundado por el sacerdote Mario Picchi, en proceso de beatificación y canonización desde 2019.

Mapa de recursos sanitarios y sociales

Hemos enumerado los dispositivos sanitarios y sociales disponibles en el territorio catalán destinados a cualquier afectado por cualquier dolencia, incluidas las adicciones, por supuesto. En el resto de España, por cierto, aunque con diferentes denominaciones, existe una infraestructura sanitaria y social superponible. Podría pensarse que el volumen de estos recursos humanos y materiales es escaso y del todo insuficiente. Pues no es así, lo cual no nos debería sorprender, ya que desde hace décadas en Europa el grueso de los impuestos de los ciudadanos, como se sabe, se destina a la sanidad y a la educación, en este orden. Este esfuerzo público continuado es lo que ha llevado al estado del bienestar, el *welfare state*, que en Europa goza de su máxima expresión y que, como decíamos, permite mantener la esperanza realista frente a las múltiples amenazas a la salud y las vidas de las personas, siendo las adicciones una de las principales. Es importante recordar no solo la relevancia cualitativa, sino también cuantitativa de estos recursos sanitarios y sociales, pues conforman una realidad hecha del esfuerzo de todos y contribuyen a desmontar la desesperanza e incluso el derrotismo que muchas veces aflora y que puede agravar el desánimo de las personas y familias afectadas. En este contexto, no está de más saber que, como sistema de emergencias médicas, se dispone en Cataluña de más de cuatrocientas ambulancias con soporte vital básico y avanzado, cuatro helicópteros y más de novecientas ambulancias de transporte sanitario no urgente (rehabilitación, diálisis, etc.). Todo ello revela un conjunto de asignaciones financieras sin duda importantes.

En el mapa que encabeza este capítulo ya hemos visto que los ambulatorios especializados en alcoholismo y drogodependencias son más de sesenta. Hemos visto que se hallan presentes en las principales ciudades catalanas y que, como era de esperar, se concentran en el área de influencia de Barcelona. Pues bien, es evidente que aún hay más ambulatorios distribuidos en el territorio: setenta y ocho centros de salud mental de adultos (CSMA), cincuenta y ocho centros de salud mental infantojuvenil (CSMIJ) y más de cuatrocientos treinta centros de atención primaria (CAP). De todos ellos ya se ha hablado. Hay que añadir los hospitales de día de adultos y adolescentes, los cuales son servicios de salud mental donde se atiende a pacientes que han recibido el alta de hospitales; ya pueden dormir en casa, pero todavía necesitan atención cotidiana durante unas semanas o pocos meses. Debe recordarse que el modelo de hospital de día se ha adaptado a muchas especialidades médicas y no solamente a la salud mental y la geriatría: también en oncología, hematología, neurología, aparato digestivo, medicina interna y reumatología. Sin olvidar los servicios de rehabilitación comunitaria, donde se atiende a enfermos con trastornos mentales severos —esquizofrenia, trastorno bipolar, trastornos graves de la personalidad y otros—, beneficiarios de rehabilitación psicosocial, con una frecuentación diurna durante meses o años. La ventaja de estos servicios sin ingreso estriba en que el paciente recibe una atención intensiva y continuada, dirigida a la normalización personal, familiar y social y sin que tenga que separarse de los familiares.

En cuanto a dispositivos sanitarios públicos con ingreso, disponemos de sesenta y ocho centros hospitalarios entre los que es oportuno mencionar, además de los más conocidos del área barcelonesa y las otras tres capitales de provincia catalanas, la Fundació Sant Hospital de la Seu d'Urgell, ciudad sede de la Càtedra de Pensament Cristià que ha propiciado el presente libro, y otras cercanas como el Hospital de Cerdanya (transfronterizo, en Puigcerdà), el Espitau Val d'Aran en Vielha y el Hospital del Pallars en Tremp. Dirijamos ahora la atención a los centros de internamiento sociosanitario, de los que hay más de cien en Cataluña. Pueden albergar unidades de larga estancia para personas mayores con trastorno cognitivo; si gran parte de los hospitalizados muestran demencia, se habla de unidades de psicogeriatría. Los centros de internamiento sociosanitario también pueden incluir unidades de mediana estancia o mediana convalecencia para gente mayor con enfermedades de base o después de procesos quirúrgicos, traumatológicos o médicos previamente tratados. O también unidades de mediana estancia o de curas paliativas para personas con cáncer avanzado u otras enfermedades incurables en fase terminal; se intenta controlar la sintomatología y dar apoyo emocional al enfermo y a sus familiares. Las unidades de mediana estancia polivalente atienden a pacientes convalecientes o tributarios de cuidados paliativos. Existen también las unidades de tratamiento del sida —en muchos casos asociado, por desgracia, a drogodependencia— para enfermos en fase terminal y las unidades de evaluación integral ambulatoria en geriatría, cuidados paliativos y trastornos cognitivos. Finalmente, el tercer gran grupo de dispositivos de ingreso lo conforman los centros de salud mental con internamiento, que son cuarenta en el territorio catalán.

Llegados a este punto, es justo mencionar dos grandes instituciones dedicadas a la salud mental, la Orden Hospitalaria de San Juan de Dios y la Congregación de Hermanas Hospitalarias del Sagrado Corazón de Jesús. Ambas organizaciones suministran conjuntamente el 40% de los servicios de salud mental en Cataluña. Ambas tienen también un claro protagonismo en el cuidado de la salud mental en toda Espa-ña y se hallan presentes en muchos otros países, hasta el punto de que son una verdadera potencia en salud mental y salud en general en todo el mundo. Destaca el Hospital Sant Joan de Déu Barcelona, en Esplugues de Llobregat, porque presta atención pediátrica hospitalaria a toda la población catalana. Y también el Parc Sanitari Sant Joan de Déu en Sant Boi de Llobregat, el cual alberga servicios de salud mental (unidades de estancia intermedia y red de ambulatorios) y el hospital general de dicha ciudad. En toda España, este orden hospitalario gestiona unos ochenta centros sanitarios, sociales, docentes y de investigación propios. Las Hermanas Hospitalarias, también arraigadas en todo el territorio español, ofrecen a la sanidad pública catalana ambulatorios de salud mental y establecimientos hospitalarios en Caldes de Malavella (discapacidad intelectual), Martorell (psiquiatría), Barcelona (hospital general, psiquiatría) y en Sant Boi de Llobregat, donde está el Benito Menni CASM, ya mencionado. Destaca que este gran complejo asistencial va más allá del ámbito de dicha ciudad, pues llega a Granollers con unidades hospitalarias de psiquiatría, CSMA y CAS, y también a Hospitalet de Llobregat con unidades hospitalarias de psiquiatría, CSMA, CAS, hospital de día y servicio de reinserción social. En Sant Boi, el hospital Benito Menni integra unidades hospitalarias bien dotadas para enfermos agudos, subagudos y de larga estancia, unidades de psicogeriatría con equipo de evaluación integral ambulatoria (véase el párrafo precedente) y la Unidad de Crisis de Adolescentes, pionera en el sector. Este gran hospital psiquiátrico también alberga el CSMA Benito Menni, que incorporó las funciones del anterior CAS, como se ha dicho más arriba. Digno de mención es que el hospital Benito Menni y su homólogo, el Parc Sanitari Sant Joan de Déu, son adyacentes en la ciudad de Sant Boi; solo los separa una calle estrecha, la calle Benito Menni. Este hecho proviene de que comparten el mismo origen histórico, la institución psiquiátrica que en 1854 fundó el Dr. Antoni Pujadas, el cual, por cierto, está enterrado en la iglesia de las Hermanas. En 1895, el sacerdote milanés Benito Menni asumió aquel primer hospital e inauguró la etapa moderna de ambas instituciones, de desarrollo ejemplar.

Una digresión pertinente: inteligencia artificial

Ha eclosionado la inteligencia artificial, de la que nos servimos cada vez que deba redactarse cualquier contenido del conocimiento. El futuro se vislumbra prometedor, sin duda, aunque se nos dice que todavía falta mucho por alcanzar. Digo esto porque al ChatGPT de la empresa OpenAI le hice la siguiente pregunta, bien sencilla (quizá demasiado, por lo visto): "Estimada Inteligencia Artificial, ¿cuántos CAS [o cuántos CSMA, o cuántos otros centros] hay en Cataluña?". La respuesta fue: "Como modelo de lenguaje basado en GPT 3.5

de OpenAI, no tengo acceso a datos actualizados en tiempo real. Mi base de datos se ha detenido en la información disponible hasta septiembre de 2021, de manera que no puedo proporcionar el número exacto de CAS [o de CSMA o de otros centros] en Cataluña en este momento." Después de mi sorpresa inicial, intenté variar el tipo de pregunta con el fin de obtener una respuesta más satisfactoria, pero fue en vano. El ChatGPT contestaba con frases como "Lo siento, no tengo acceso a hechos actuales o a datos en tiempo real", "Lo siento, es posible que este término se refiera a un ámbito específico o a un contexto fuera de mi campo de conocimiento".

Cuando tienes delante este tipo de respuestas, tienes la tentación de caer en el antropomorfismo más elemental y exhortar a la tecnología con frases de ánimo como "¡Venga, inteligencia artificial, sé buena y concéntrate!". Más allá de la broma, la cuestión es que un chatbot —ChatGPT, Perplexity y otros— tiene mucha potencia de cálculo pero presenta limitaciones obvias, al menos por el momento. Pienso que la inteligencia artificial es a la rueda de los vehículos lo que las extremidades son a los animales superiores, nosotros entre ellos. La evolución nos ha dotado de piernas para la movilidad, cosa que ha permitido adaptarnos a todos los terrenos y poblar así todo el planeta a partir de la cuna africana. Es una movilidad que ha demostrado ser creativa, porque además de caminar da la posibilidad de subir montañas y salvar obstáculos y porque detrás está la cognición y la capacidad de previsión —la inteligencia natural— de nuestro cerebro. Pero la rueda supera a las piernas en velocidad. Es un invento humano como la inteligencia artificial. La rueda se traga las distancias en un santiamén, igual que esta nueva tecnología revisa millones de datos en segundos. La rueda, sin embargo, no supera obstáculos del terreno como sí lo hacen las piernas, con las que podemos saltar y bailar; en contraste con estos aspectos sin duda más creativos, la rueda resulta ser más limitada. Es obvio que cada una de estas inteligencias es el resultado de una base muy diferente. Nuestra inteligencia proviene de una compleja interacción sináptica de las neuronas cerebrales y sus proyecciones axonales hacia los órganos de los sentidos y las placas motoras musculares. Todo esto es un prodigio de evolución adaptativa que viene de millones de años de ensayos, errores y soluciones. Los chatbots son otra cosa. Se basan en cantidades enormes de datos —los personales de media humanidad, de Wikipedia, diarios, libros, patentes, publicaciones *on line* y otros— y funcionan como cuando en el móvil escribimos a través del teclado y se nos sugiere la siguiente palabra. Los algoritmos lo consiguen por cálculo de probabilidades. Los autores de los algoritmos —informáticos, ingenieros, matemáticos, pensadores— son la inteligencia natural que hay detrás de la artificial y debe admitirse que han demostrado una muy elevada creatividad.

Comprendo que el chatbot no haya podido hallar el número de CAS que hay en Cataluña, pues es un dato ausente del SISCAT, el sistema sanitario integral de información pública de Cataluña. Es un dato al que tengo acceso por mi vinculación con los profesionales de este sector. Y, por cierto, es evidente que la Administración catalana debería enmendar esta ausencia por la importancia cualitativa, y ya hemos visto que cuantitativa, de los CAS en el territorio catalán y sus homólogos en todo el territorio español. Pero el resto de centros descritos más arriba sí que figuran en el SISCAT, por lo que deberían ser accesibles a los motores de búsqueda como Google. Llegamos aquí a un punto central: una inteligencia artificial no es un buscador. Por el momento, no le podemos pedir que nos ofrezca respuestas demasiado concretas ni pedirle que nos ponga al día de un tema. Ya hemos visto que actualizar información no es su cometido, al menos de momento. Ante tales preguntas, el chatbot está programado para salirse por la tangente. También hay que abandonar la idea de que pueda opinar sobre temas diversos, porque una inteligencia artificial simplemente no piensa. Tampoco le pidáis que rastree fuentes fiables. Todo esto sigue formando parte de nuestra capacidad humana y probablemente seguirá siendo así. La razón es clara: un chatbot es una herramienta admirable pero limitada a su cometido. Ni tan solo es capaz de hacer operaciones matemáticas; con este objetivo ya tenemos calculadoras y programas de cálculo. Decimos que es una herramienta admirable porque puede resumir textos, ofrecer información general de cualquier tema, analizar datos y generar informes, traducir y revisar textos e incluso generar ideas que pueden ser útiles para trabajos de fin de proyectos o incluso con valor narrativo. De ahí que se hable de *inteligencia artificial generativa*, que en el campo de la medicina ya permite optimizar diagnósticos y reducir errores, por ejemplo, en enfermedades mentales y neurodegenerativas. Ha permitido avances en la genómica, el diseño de medicamentos, la detección precoz de diabetes, enfermedades cardiovasculares y cáncer de piel y el acceso a la cirugía de precisión y a la medicina personalizada, también llamada *de precisión*. Ya tiene impacto en la prevención y el tratamiento mediante lo que se conoce como una analítica predictiva y la capacidad de simulación con los llamados *digital twins*, *gemelos digitales*: la inteligencia artificial utiliza los datos, los ordena en sistemas complejos y simula escenarios en función de los cambios registrados en todo el cuerpo o incluso en sus diferentes órganos. Desde el Barcelona Health Club se nos dice que la inteligencia artificial revolucionará la teleasistencia, la monitorización de los enfermos, la robótica y los *wearables*, estos sensores digitales que ya llevamos encima en forma de relojes o en los vestidos y que registran datos corporales de forma continua. Estiman que en Cataluña estas innovaciones permitirán salvar más de seis mil vidas al año, ahorrar unos tres mil millones de euros al año (equivalente al 1,4% del PIB catalán) y librar cerca de treinta millones de horas anuales de profesionales sanitarios, que es como disponer de ocho mil trescientos profesionales más de salud a tiempo completo y equivale al 2% de las horas trabajadas por los profesionales.

Crucemos los dedos para que estas especulaciones se hagan realidad cuanto antes mejor. Sabemos que la principal amenaza en cuanto a recursos humanos de la sanidad europea es la jubilación de los profesionales de la generación *baby boomer*. Ojalá las nuevas tecnologías puedan paliar este déficit, que desgraciadamente ya se empieza a notar.

Adicciones químicas y adicciones conductuales

Como se sabe, existen dos tipos de adicciones según se refieran al consumo de sustancias —adicciones de base quimicometabólica, por tanto— o a conductas que por sí mismas generen abuso y dependencia. Estos comportamientos no relacionados con sustancias se repiten en muchos casos con frecuencia diaria e intensidad exagerada. Estamos hablando de las llamadas adicción *a comprar, al sexo, al ejercicio físico* —también se habla de vigorexia, especialmente cuando la persona sufre anorexia nerviosa—, *a invertir compulsivamente en bolsa* y sobre todo *a las apuestas*, es decir, *la ludopatía o juego patológico*. Este último está reconocido como trastorno psiquiátrico por la Clasificación Internacional de Enfermedades de la OMS, undécima edición, y por el Diagnostic and Statistical Manual of Mental Disorders americano, quinta edición (DSM-5). Ambas organizaciones de referencia en psiquiatría consideran que el juego patológico, reúne pruebas suficientes para merecer, desgraciadamente, la categorización de trastorno psiquiátrico. El resto de adicciones conductuales mencionadas presentan similitudes con el juego patológico, pero todavía falta acumular más evidencias para aspirar a ser reconocidas como enfermedad.

Juego patológico, nuevo paradigma de trastorno adictivo

El juego patológico se manifiesta en juegos de cartas, resultados deportivos, carreras de caballos, máquinas de juego (tragaperras), bingo o cualquier medio que permita hacer apuestas. Puede llegar a ser nefasto tanto para la salud mental y las finanzas de la persona afectada como para su familia y el lugar de trabajo. Los afectados, hombres en su mayoría, apuestan cantidades de dinero cada vez mayores para lograr la excitación deseada; se ponen nerviosos o se irritan cuando intentan reducir o abandonar el juego; se desesperan al ver que se han esforzado repetidamente y sin éxito para controlar, reducir o abandonar el juego; no paran de revivir apuestas anteriores y rumian cómo obtener más dinero para continuar jugando; suelen apostar porque se sienten ansiosos, deprimidos o culpables; vuelven a apostar para "recuperar" las pérdidas (esto es muy frecuente); mienten para ocultar su implicación en el juego; han arriesgado o incluso han perdido una relación importante, un empleo o una trayectoria profesional a causa del juego, o pretenden valerse de los demás para que les den dinero y puedan aligerar su situación financiera desesperada provocada por el juego. A veces este trastorno psiquiátrico es episódico y transcurren meses menos dramáticos, pero el juego patológico suele manifestarse de forma persistente durante años. Como es de suponer, este comportamiento suele asociarse no solo a la mentira y el engaño, sino también a actividades ilegales como la falsificación, el fraude, el robo o la malversación. Tampoco es raro que los afectados presenten distorsiones cognitivas como la negación —"esto no es problema"—, supersticiones —"lo he soñado y seguro que me tocará"—, sentimientos de control y de poder sobre los resultados —"esta vez sé segurísimo que me saldrá bien"— y exceso de confianza, obviamente. El juego patológico se manifiesta tanto en personas impulsivas y que se aburren fácilmente como en personas deprimidas y solitarias. Muchas de ellas tienen ideas de suicidio y algunas lo intentan. Según la investigación clínica, el juego patológico se puede asociar al trastorno antisocial de la personalidad, a los trastornos bipolar y depresivo y, sobre todo, a los trastornos por consumo de sustancias, especialmente el alcoholismo.

Está claro, pues, que las conductas de juego patológico se presentan como verdaderas adicciones. En el juego patológico identificamos síntomas de abstinencia —el afectado se pone nervioso o se irrita cuando intenta reducir o abandonar el juego— y síntomas de tolerancia —el afectado apuesta cantidades de dinero cada vez mayores para conseguir la excitación deseada—. Por tanto, es perfectamente legítimo establecer la equivalencia entre apostar de forma patológica y ser adicto a sustancias como el alcohol y demás drogas. La investigación científica ha demostrado que en ambos casos el sustrato anatómico y funcional es el mismo: la activación directa del sistema de recompensa cerebral, implicado en el refuerzo conductual y la producción de recuerdos. Esta activación del sistema de recompensa llega a ser tan intensa que el sujeto deja de cuidar de las actividades normales. En lugar de obtener la estimulación de recompensa mediante comportamientos adaptativos, estos trastornos adictivos activan directamente las vías de recompensa. El alcohol y las drogas muestran mecanismos farmacológicos variados en la manera en que produce la recompensa, pero todos abocan al mismo desenlace: activan el sistema y producen sentimientos de placer (la euforia de las borracheras, el colocón, subidón, etc.). Además, las personas con niveles bajos de autocontrol y que muestran disfunciones en los mecanismos de inhibición cerebral están más predispuestas a desarrollar trastornos adictivos, lo que sugiere que hay personas que evidencian que el origen de estos trastornos se remonta a comportamientos instaurados en la etapa infantojuvenil, es decir, antes de que se haya iniciado de forma intensiva el juego o el consumo de sustancias. Si queremos hallar metáforas para entender mejor el fenómeno de las adicciones, podemos pensar que son como un cortocircuito capcioso dentro del mecanismo cerebral de la recompensa, un atajo engañoso que permite saltarse el itinerario natural hasta llegar al propósito perseguido, una moneda falsa que pretende el ahorro del esfuerzo previo al goce del premio.

Porcentajes de consumo de sustancias

Tras estas consideraciones generales sobre adicciones, pasamos a enfocar el perfil cuantitativo de los trastornos relacionados con el consumo de sustancias. Empecemos con el siguiente gráfico, que ilustra en cuanto a porcentajes de 2022.

Figura 2
PREVALENCIA DEL CONSUMO DE DROGAS

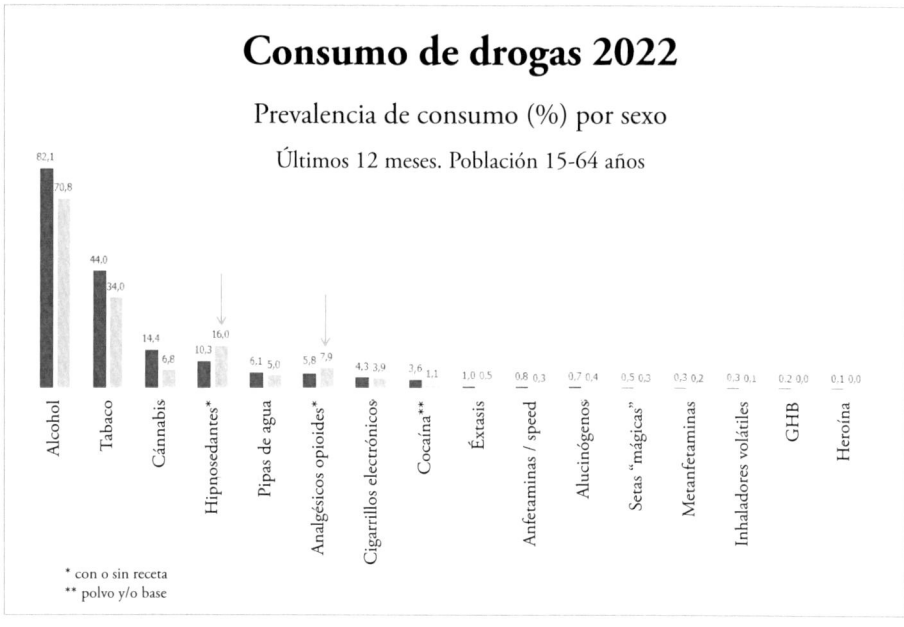

Fuente: elaboración propia a partir de los datos del Plan Nacional de Drogas, 2022.

En la figura 2 vemos el gráfico más reciente disponible sobre porcentajes de consumo de drogas que proporciona la Delegación del gobierno para el Plan Nacional de Drogas, que también incluye los datos aportados por las Comunidades Autónomas. Esta delegación gubernamental está bien dotada económicamente porque, además de con nuestros impuestos, se financia por ley con los bienes confiscados a los narcotraficantes.

Enseguida vemos que el alcohol y el tabaco encabezan claramente el consumo de sustancias, seguidos por el cánnabis. Estas tres configuran el podio de las más consumidas, que no cambia desde hace años. Más allá, el consumo de hipnosedantes —Diazepam, Lorazepam, Alprazolam y otros— es elevado e incluye tanto el uso con receta médica como el uso ilegal (venta en la calle, protagonizada por distribuidores ilegales llamados *camellos*). El consumo ilícito de tranquilizantes se explica porque quien consume otras sustancias como los opiáceos, la cocaína u otras siente la necesidad de reducir la ansiedad debida a la abstinencia —es el caso de quien consume heroína— o los efectos de la propia droga —es el caso de la cocaína, por ejemplo—. El uso ilícito de analgésicos opioides obedece a las mismas razones, con más peso, obviamente, por parte de los consumidores de heroína. Por suerte y de momento, la gravedad del abuso de opiáceos durante los últimos años en Estados Unidos no ha llegado a Europa. Allí se han dado numerosos casos de muerte por sobredosis causada por heroína, fentanilo —un opioide sintético— y opiáceos de prescripción médica.

A partir de la cocaína hacia la derecha del gráfico (fig. 2) vemos como los porcentajes se reducen, lo cual de entrada nos puede sorprender habida cuenta de la visibilidad mediática de esta sustancia y las demás que la siguen en el gráfico que estamos comentando. Pero si nos detenemos a pensarlo, lo que esto demuestra es que tales sustancias —cocaína, derivados anfetamínicos, inhalantes volátiles y heroína— son ciertamente un peligro para la salud pública y que lo que está sucediendo es que se está logrando contener estos consumos. Es obvio que es una contención necesaria, posibilitada por la persecución legal a la que están sometidas las drogas mencionadas y que la sociedad acepta y fomenta; algo que es evidente que no se da en las drogas a la izquierda de la cocaína en esta gráfica.

Si bien la mayoría de la población admite que es mejor no consumir alcohol, tabaco o cánnabis, a la hora de la verdad hay muchas opiniones y matices. Los consumidores de cánnabis, por ejemplo, creen útil y agradable la sensación de sopor producida por fumar porros o comer galletas donde se ha añadido la sustancia; es la embriaguez cannábica ya descrita por médicos del siglo XIX. También creen valioso el poder analgésico de dicho uso y han conseguido que muchos países hayan regulado este consumo. Es por ello por lo que han surgido entre nosotros e internacionalmente los clubes cannábicos a lo largo de los últimos años. Sin embargo, es evidente que esta regulación del cánnabis permite, sobre todo, fumar porros por el placer de hacerlo. Es el mismo consumo hedonista no médico que tienen en común todas las sustancias aquí mencionadas.

El presunto objetivo terapéutico de fumar porros carece de base médica; fumar nunca es bueno ni para los pulmones ni para la salud. Para el objetivo de la analgesia ya disponemos de medicamentos con los principios activos cannabinoides, medicamentos que se ingieren y que, por tanto, no agreden las vías respiratorias. Debe reconocerse que los principios activos cannabinoides son los únicos, entre todas las sustancias de abuso, que muestran utilidad terapéutica, esto sí, formulados como medicamentos, no como preparaciones para fumar. Con relación a esto, el uso de alcohol como desinfectante es un ejemplo de lo que fue, otrora, una indicación médica en el campo de las sustancias de abuso. Como también el uso de cocaína como primer anestésico local de la historia, introducido a finales del siglo XIX. Y ya que estamos hablando de los pocos efectos beneficiosos de tales sustancias, vale la pena recordar aquí el café, cuya cafeína miles de millones de seres humanos la consideran útil para combatir el sueño. Por cierto, ya vemos que esta sustancia no ha sido incluida en el gráfico porque apenas se considera que sea droga de abuso; volveremos a ello. De todos modos, en siglos pasados se opinó todo lo contrario y el café llegó a dar literalmente miedo, alcanzando a concitar numerosos detractores. Repasar la historia del café, como la del resto de sustancias, puede ser entretenido y curioso.

Sustancias tratadas en los ambulatorios especializados

Que el alcohol es la sustancia de consumo que suscita más demanda de tratamiento queda demostrado en el siguiente gráfico (figura 3), que refleja el porcentaje de inicios de tratamiento en los CAS según cada droga. Son datos de 2021, pero hay que aclarar que estas proporciones se vienen manteniendo desde que estos ambulatorios especializados fueron creados a partir de los años ochenta.

Figura 3

POBLACIÓN ATENDIDA EN LOS CAS SEGÚN DEMANDA DE TRATAMIENTO POR SUSTANCIA, 2021

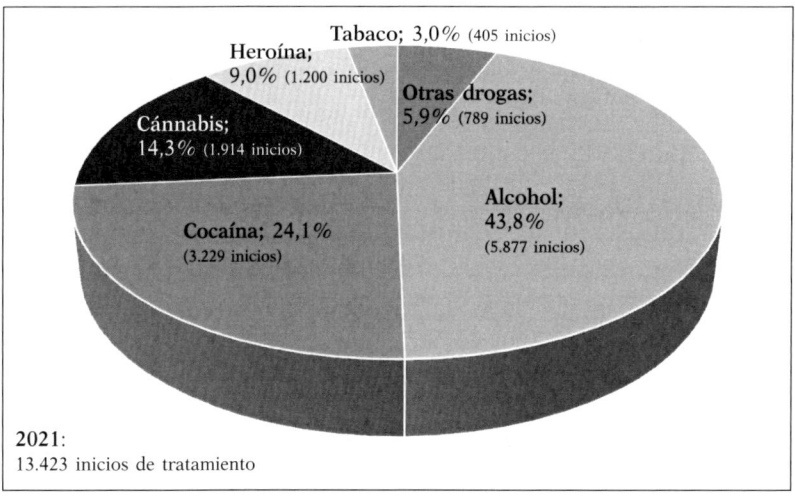

Fuente: elaboración propia a partir de datos de la Generalitat de Cataluña.

Después del alcohol, las siguientes sustancias más demandadas en cuanto a su tratamiento son la cocaína, el cánnabis y la heroína. El tabaco y el resto de drogas ocupan un lugar testimonial, en el caso del tabaco porque quienes quieren dejarlo suelen recibir ayuda en los CAP y en servicios de aparato respiratorio de los hospitales. En cuanto al resto de drogas, la demanda de tratamiento es baja, afortunadamente. Vemos, pues, que prácticamente la mitad de los pacientes de un CAS tienen problemas por uso de alcohol, una cuarta parte por cocaína, uno de cada siete por cánnabis y uno de cada once por heroína. Esta distribución confirma una vez más que consumir sustancias comporta riesgos de enfermedades físicas y psíquicas potencialmente graves, y que tales riesgos subsisten a pesar de que haya menos consumidores de drogas como la cocaína y la heroína si los comparamos con los de alcohol, tabaco y cánnabis (fig. 2). Cocaína y heroína muestran una capacidad adictiva que es fuerte y por eso originan tanta demanda de tratamiento en los CAS, por encima de lo que cabría esperar a la vista de las relativamente bajas cifras de la población afectada en relación con la población general. En el caso de la heroína se añade el hecho de que su tratamiento farmacológico principal es el tratamiento de mantenimiento con metadona, opioide sintético que sustituye vía oral la heroína pinchada o esnifada y que permite la rehabilitación y muchas veces la supervivencia de los afectados. Pues bien, la metadona se administra típicamente en los CAS dentro del marco de programas *ad hoc* donde también se ofrece ayuda psicológica y social

Demanda de tratamiento en los últimos cuarenta años

Como ya se ha dicho, disponemos de datos de inicios de tratamiento en los CAS desde los años ochenta. En la figura 4 se observa como desde entonces hasta ahora se han mantenido las cifras en cuanto al alcohol, la cocaína y el cánnabis, pero no en cuanto a la heroína. La razón fundamental estriba en la eclosión del sida en aquella época, que se cebó en la población que se inyectaba heroína. Todavía faltaban unos años hasta los medicamentos antirretrovirales, que por fin estuvieron disponibles en la década siguiente, los noventa. Esta eclosión del virus de la inmunodeficiencia humana (VIH) entre quienes se inyectaban heroína provocó que esta población fuera abandonando progresivamente esta vía. Cada vez fueron más los que optaron por inhalar este opiáceo en lugar de inyectárselo. Recordemos que el primer caso de sida en España afloró en 1981 y fue una persona que se pinchaba heroína. En general, en el sur de Europa la mayoría de los enfermos de sida lo fueron por dicha razón; el segundo colectivo de infectados por VIH lo fue a consecuencia del sexo anal.

Figura 4

EVOLUCIÓN DE LOS INICIOS DE TRATAMIENTO EN LOS CAS, 2021

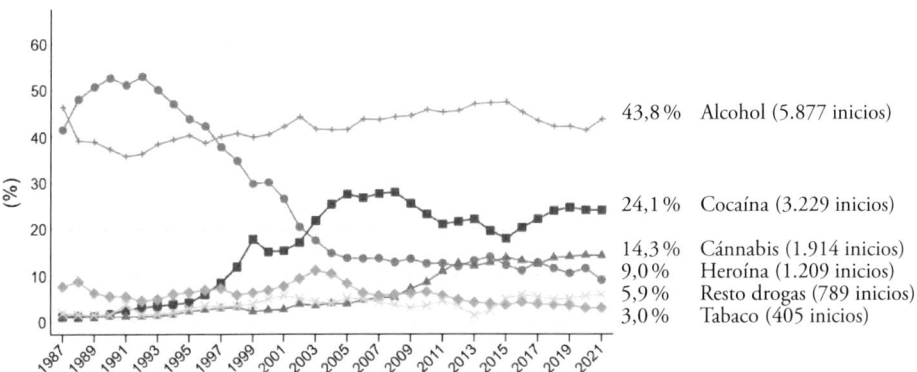

Fuente: elaboración propia a partir de datos de la Generalitat de Cataluña.

TRASTORNOS POR CONSUMO DE SUSTANCIAS

Los trastornos relacionados con sustancias se dividen en dos grupos: los trastornos por consumo de sustancias y los trastornos inducidos por sustancias. Comencemos por el primer grupo, que comprende los cuadros clínicos causados por el propio uso de alcohol y demás drogas. Incluye los trastornos que, generadores de adicción, causan directamente las sustancias de abuso en nuestro cerebro. Anteriormente se han venido denominando *drogadicciones, drogodependencias* o *toxicomanías*. Actualmente, en el contexto científico se prefiere hablar de trastornos por consumo o uso de sustancias, un término que se considera menos cargado de estigma social. Ya hemos visto los trastornos por consumo de sustancias al hablar de juego patológico, en el que no existe incorporación en el organismo de alcohol o drogas, pero sí una serie de conductas características y definitorias del uso patológico tanto del juego como de las sustancias. Pues bien, este patrón de conductas propias de los trastornos adictivos se manifiesta en cuatro grupos de síntomas: los provenientes de la falta de control del uso (control deficitario del consumo), del deterioro social debido a dicho consumo, de los riesgos por el consumo y los síntomas farmacológicos (tolerancia y abstinencia) propios del fenómeno de la adicción.

El primer grupo de síntomas, el del control deficitario del comportamiento de consumo, significa que la persona hace un uso exagerado de la sustancia y/o durante más tiempo del previsto; además, la persona puede dedicar una gran parte de su tiempo a intentar conseguir dicha sustancia o a recuperarse de sus efectos. En los casos graves, toda la vida diaria del afectado gira en torno a la sustancia. Al mismo tiempo, el afectado expresa, muchas veces de forma insistente, el deseo de abandonar o al menos regular su consumo, y suele explicar que se ha esforzado en vano para dejarlo o limitarlo. Estos esfuerzos se truncan a causa del deseo de consumir una y otra vez. Es un afán intenso de consumo que se manifiesta por el ansia de hacerlo. Tiene la característica de la perentoriedad, de ser un deseo urgente, inmediato, que no tiene espera, que aparece en cualquier momento y sobre todo en los ambientes donde el afectado ha consumido o se ha aprovisionado de la sustancia. Esta ansia intensa de consumir obedece al condicionamiento pavloviano clásico y a la activación de las estructuras cerebrales específicas del sistema de recompensa, al que ya se ha aludido más arriba. Si el afectado en tratamiento expresa tal deseo de consumo, es inevitable pensar que esto es, lamentablemente, una señal fuerte de probable recaída.

El segundo grupo de comportamientos, el del deterioro social, significa que la persona ya no cumple las obligaciones más básicas en los ámbitos del hogar, el trabajo y los estudios. Tiene problemas que se repiten o que persisten y estos problemas son interpersonales, causados o exacerbados por el consumo, pero el afectado continúa consumiendo. Y evidentemente, restringe o abandona actividades sociales, ocupacionales o recreativas a causa del consumo. Ya no cuida de la familia y se olvida de anteriores aficiones.

El tercer grupo de conductas se refiere al riesgo propio de consumir la sustancia. Para empezar, el afectado hace caso omiso del riesgo físico que, por ejemplo, comporta beber alcohol cuando conduce o trabaja con máquinas. Y el riesgo lo es directamente para la propia salud en el caso de continuar consumiendo a pesar de las advertencias de los médicos. Entonces el problema puede ser corporal —enfermedades del hígado, cardiovasculares, cáncer, etc.— o mental —sufrir alguno o algunos de los numerosos trastornos psiquiátricos existentes—. El punto clave aquí es que la persona, más allá de sufrir el problema de salud, fracasa a la hora de evitar el consumo pese al riesgo y las complicaciones que le provoca.

Finalmente, llegamos a las señales farmacológicas que en tiempos pasados se tenían como paradigma de los trastornos adictivos: la tolerancia y la abstinencia. Esto ya hace años que no se considera así. Actualmente ambos fenómenos farmacológicos deben ser concebidos como tales y debe insistirse en que aquello que define los trastornos adictivos son los comportamientos lesivos para uno mismo y para los demás (control deficitario del consumo, deterioro social y consumo de riesgo), comportamientos que ya hemos descrito. Por eso vale la pena clarificar lo mejor posible estas dos características farmacológicas de la adicción.

Tolerancia y abstinencia

Haber desarrollado tolerancia al alcohol o a las drogas es tener que aumentar las cantidades consumidas a fin de conseguir los efectos deseados o bien experimentar una reducción del efecto cuando se consume la cantidad habitual. La tolerancia se desarrolla a lo largo del tiempo de consumo y varía en cada uno de los usuarios —variabilidad individual— y según sea la sustancia. Es un fenómeno que incluye una diversidad de efectos en el sistema nervioso central, y esto significa que una sustancia puede determinar más tolerancia, por ejemplo, a la depresión del sistema respiratorio, otra sustancia a la sedación y otra a la coordinación psicomotriz. En la práctica no se hila tan fino, pero si vemos que un consumidor presenta un nivel elevado de sustancia en la sangre y al mismo tiempo no da muestras de estar intoxicado, entonces sí que podemos decir que esta persona presenta una probable tolerancia. Por lo que respecta a la variabilidad individual en este campo, es conocido el hecho de que hay personas con mayor o menor sensibilidad inicial a los efectos de tal o cual sustancia. Esto se observa en el caso del alcohol, donde hay quien bebe por primera vez, lo hace con intensidad y no se muestra intoxicado, y en cambio otro sujeto, de peso y antecedentes de consumo similares, presenta habla disártrica y falta de coordinación. Es un hecho, por tanto, que ante una misma sustancia hay individuos que de entrada tienen más tolerancia. En el caso del alcohol, por cierto, es conocido que los japoneses y otros asiáticos suelen presentar menos tolerancia que otros grupos étnicos.

En cuanto a la abstinencia, es importante entender el doble sentido que se le da a esta palabra. Siempre denota la interrupción del suministro de la sustancia al organismo, pero según el contexto también se puede referir al conjunto de signos y síntomas —el síndrome de abstinencia, por tanto— que presenta alguien con consumo intenso, y sobre todo prolongado, cuando le disminuye la concentración de la sustancia en la sangre o en los tejidos. Entonces lo que suele hacer el usuario es volver a consumir para aliviar los síntomas que le causa la abstinencia, es decir, la interrupción del suministro de sustancia al organismo. Pero puede suceder que esta persona haya decidido firmemente abandonar el consumo, por tanto, lo que hará será afrontar su malestar abstinencial, sea con la popular fuerza de voluntad —en ciencia se prefiere llamarla *motivación al cambio*— o mediante la ayuda de otras personas que puedan asesorar o incluso recetar algún medicamento apropiado.

Los síntomas de abstinencia difieren mucho según sean las diferentes clases de drogas. Existe un grupo de sustancias que muestran el común denominador de deprimir las funciones nerviosas; son el alcohol, los opiáceos y los sedantes, estos últimos también llamados *tranquilizantes*, *hipnóticos* o *ansiolíticos*. Pues bien, todos estos depresores centrales desencadenan signos de abstinencia que son frecuentes y acentuados. En el caso del alcohol, el cuadro clínico de abstinencia puede incluir convulsiones tonico-clónicas similares a las de los ataques epilépticos. Y es que el síndrome de abstinencia del alcohol puede resultar muy grave y devenir un *delirium tremens*, que puede llegar a ser letal si no se instaura el tratamiento médico adecuado. Esta letalidad se explica porque el alcoholismo grave comporta que los afectados pueden sufrir una serie temible de enfermedades debidas al alcohol: gastritis, úlceras estomacales o duodenales; cirrosis hepática; pancreatitis; cáncer de esófago, de estómago y otros; hipertensión, cardiomiopatía y miopatías; aumento de los niveles de triglicéridos y colesterol LDL; neuropatía periférica, deterioro cognitivo y demencia; amnesia confabulatoria persistente y degeneración cerebelosa. De ahí que se diga que el alcohol puede causar hasta sesenta enfermedades y que, desde el punto de vista estrictamente sanitario, su ingesta debería estar prohibida como si fuera arsénico. Las otras clases de sustancias que más vemos en entornos sanitarios, es decir, los psicoestimulantes como la cocaína, las anfetaminas, el cánnabis y el tabaco suelen producir también signos y síntomas de abstinencia, pero de forma no tan marcada.

En otras clases de droga, como los alucinógenos y los inhalantes no se observa un malestar abstinencial importante. Pero esto no significa que estas adicciones no puedan ser graves. De todas maneras, en la mayoría de casos de más incumbencia sanitaria lo que vemos es que los antecedentes previos de episodios de abstinencia se asocian con un curso evolutivo más grave, es decir, que el consumidor se ha iniciado más joven, ha ido consumiendo más cantidad y ha tenido más problemas relacionados con la sustancia. Los episodios de síndrome de abstinencia, por tanto, van surgiendo después de un tiempo prolongado de consumo y comportan consecuencias clínicas importantes. Esta es la razón por la que enseguida volveremos a hablar de abstinencia cuando revisemos los trastornos inducidos por sustancias.

Una puntualización importante

Llegados a este punto, debe mencionarse que la tolerancia y la abstinencia pueden aparecer a lo largo de un tratamiento médico apropiado con medicamentos prescritos —por ejemplo, con tranquilizantes para la ansiedad o el insomnio, opioides para el dolor oncológico o estimulantes para el trastorno por déficit de atención e hiperactividad— nunca determina el diagnóstico de trastorno por consumo de sustancias, es decir, lo que antes se denominaba *drogadicción, drogodependencia* o *toxicomanía*. Para que exista un trastorno adictivo, han de darse ciertas conductas (control deficitario del consumo, deterioro social, consumo de riesgo) que protagoniza la persona adicta al uso de sustancias.

El enfermo que va al médico y que toma diazepam para reducir su ansiedad, o derivados mórficos por su cáncer doloroso, o metilfenidato por su trastorno por déficit de atención e hiperactividad, es una persona que está tomando lo que necesita. Estas sustancias demuestran tener ahora una función relevante como medicamentos que le permiten a la persona una mejor calidad de vida. Forman parte de un tratamiento médico beneficioso para la salud. Que entonces pueda surgir tolerancia o abstinencia debe entenderse como una circunstancia farmacológica normal y esperable, y el médico prescriptor sabrá corregirlo. Otra cosa es que un paciente en tratamiento con estos medicamentos potencialmente adictivos empiece un itinerario de conductas nocivas para su salud que aboquen a buscar compulsivamente la sustancia. Entonces, sí que, lamentablemente, esta persona estará sufriendo un trastorno por consumo de tranquilizantes o de opiáceos o, más raramente, de estimulantes.

Como se ve, pues, la diferencia no la marcan características farmacológicas como la tolerancia y la abstinencia, sino las conductas específicas (hay que repetirlo: control deficitario del consumo, deterioro social, consumo de riesgo) lesivas para uno mismo y para los demás y que son el núcleo que define los trastornos adictivos.

Trastornos inducidos por sustancias

Junto a los trastornos por consumo de sustancias, el otro grupo de trastornos relacionados con sustancias son, como ya decíamos más arriba, los trastornos inducidos, que vienen a ser los trastornos mentales que pueden originar dichas sustancias de abuso más allá de los trastornos por consumo, así como muchos medicamentos y algunas toxinas. Las intoxicaciones y los síndromes de abstinencia se incluyen también en este grupo de trastornos inducidos tanto por ser bastante frecuentes como porque ambas manifestaciones clínicas pueden llegar a ser graves. Por tanto, debe considerarse la abstinencia por un lado como un fenómeno farmacológico propio de la adicción y que por eso se incluye en los trastornos por consumo, y por otro lado debe considerársela un verdadero trastorno inducido por causa de la relevancia sintomatológica que puede llegar a tener y que la tolerancia, por cierto, no tiene. En este sentido, el hábito o acostumbramiento y la tolerancia equivalen, respectivamente, a la adaptación y sobreadaptación al consumo intensivo y prolongado. La abstinencia es el fenómeno contrario: la interrupción abrupta del suministro de droga al organismo equivale a la ruptura súbita de esta (sobre)adaptación. Entonces la retirada de este suministro se vuelve desadaptativa y puede llegar a ser traumática y peligrosa.

Los trastornos inducidos, por tanto, pueden entenderse como complicaciones neuropsiquiátricas de los trastornos por consumo y ya se ha señalado que incluyen, además de la intoxicación y la abstinencia, los trastornos mentales inducidos por sustancias, medicamentos y algunas toxinas, los cuales se pueden manifestar como trastornos psicóticos, trastornos bipolares, depresivos, de ansiedad, obsesivo-compulsivos, del sueño, disfunciones sexuales, síndrome confusional y trastornos neurocognitivos, las demencias entre ellos. Los trastornos mentales inducidos por sustancias, medicamentos y algunas toxinas se desarrollan como consecuencia de su uso continuado a lo largo del tiempo. Suelen ser transitorios, pero a veces llegan a ser persistentes. Se considera que aparecen como reacciones individuales del sistema nervioso central, como formas extremas de efectos adversos o como complicaciones neurocognitivas de las sustancias de abuso y de una serie de fármacos, entre los que hay anestésicos, antihistamínicos, antihipertensivos y otros, y toxinas como los organofosfatos, los insecticidas o el monóxido de carbono. Si bien de forma temporal, hay fármacos que pueden causar sintomatología psicótica, por ejemplo los anticolinérgicos, los cardiovasculares y los esteroides. Otros medicamentos pueden provocar síndromes de ansiedad, disfunciones sexuales y alteraciones del sueño.

Las consecuencias psiquiátricas de los trastornos mentales inducidos por sustancias y medicamentos son las mismas que las de los trastornos mentales primarios. En este sentido destacan las conductas suicidas —intentos o consumaciones—, las cuales representan un riesgo grave tanto en una depresión mayor y en una esquizofrenia como en un trastorno depresivo o psicótico inducidos por alcohol u otras drogas. La buena noticia es que, en el caso de un trastorno mental inducido por sustancias o medicamentos, tales consecuencias normalmente ya desaparecen al cabo de un mes, como mucho, de abstinencia mantenida.

Se comprende, pues, que estemos empleando la palabra *inducir*. Es sinónimo de causar y al mismo tiempo parece denotar menos inmediatez que en el caso de los trastornos por consumo, en el sentido de que *inducir* se asemeja a *conducir*: las sustancias de las que hay adicción moderada o grave pueden conducir a estos trastornos inducidos. Ello significa que muchos trastornos por consumo, sobre todo los moderados y más aún los graves, pueden abocar a trastornos mentales inducidos que la mayoría de las veces mejoran con la abstinencia —la mera interrupción del consumo, ahora no entramos en los posibles síntomas—, pero que pueden llegar a ser tan graves como para dificultar el diagnóstico diferencial con un trastorno psiquiátrico primario, no inducido, como la esquizofrenia, por ejemplo.

Intoxicación

Las intoxicaciones por uso de sustancias son bien conocidas, especialmente las del alcohol. En general, podemos decir que las sustancias más sedantes, como el alcohol y los tranquilizantes, pueden causar depresiones durante la intoxicación y, en cambio, con la abstinencia pueden causar síndromes de ansiedad. En cuanto a las sustancias más estimulantes como la cocaína y las anfetaminas, los cuadros clínicos se invierten: las intoxicaciones pueden causar ansiedad e incluso síntomas psicóticos (alucinaciones, delirio) y, en cambio, con la abstinencia suele aparecer depresión. Tanto las sustancias sedantes como las estimulantes suelen provocar alteraciones sexuales y del sueño.

La intoxicación por alcohol tiene nombre propio, borrachera, con connotación negativa y positiva, ambigua. Sea cual sea la sustancia, la persona ha consumido recientemente y a continuación ha presentado comportamientos problemáticos como irritabilidad, labilidad emocional o capacidad de discernimiento deteriorada. Además de esto, la intoxicación en el caso del alcohol puede causar habla pastosa, falta de coordinación, marcha insegura e incluso alteración de la atención y la memoria, nistagmo, estupor y coma. La intoxicación grave de alcohol y demás sustancias también puede causar síndrome confusional, es decir un trastorno neurocognitivo casi siempre agudo pero que a veces se prolonga a persistente. Puede alcanzar peligrosidad, teniendo en cuenta que los trastornos neurocognitivos típicos graves son las demencias.

Pero, en fin, ya se sabe que la persona que comienza a beber más de la cuenta se puede mostrar locuaz, desenvuelta y algo eufórica, aunque más tarde quizá podrá presentar somnolencia, sobre todo si no ha desarrollado tolerancia (véase más arriba) al alcohol. A las personas no tolerantes, la intoxicación de alcohol les puede deprimir la función cardiorrespiratoria, con riesgo de coma e incluso muerte. Además, si pensamos que el alcoholismo y especialmente las borracheras se asocian con relativa frecuencia a conductas suicidas —intentos y suicidios consumados—, entonces queda claro que la intoxicación pierde esta aura aparentemente simpática (connotación positiva) que según circunstancias tiene y que puede llegar a ser un verdadero peligro para la salud y la vida.

Una vez más, estamos viendo que son los comportamientos y las primeras intenciones aquello que define los trastornos adictivos, incluida la intoxicación como trastorno inducido. Cuando alguien se muestra poco o muy borracho, lo está porque ha querido beber con intensidad y alcanzar así aquel "puntito" de euforia que deseaba. Fijémonos en que esta situación no es la de una persona que sufre una intoxicación por alimentos en mal estado o por setas venenosas. En estos casos lo que hay es una intoxicación accidental sin participación de ningún atisbo volitivo, intencional, por parte del afectado.

Otro aspecto que pudiera extrañarnos es el porqué de asignar las intoxicaciones al grupo de los trastornos inducidos y no al grupo de trastornos por consumo de sustancias. Hay dos razones. Por una parte, existen muchas personas que se emborrachan una única vez en la vida o pocas veces —por ejemplo, adolescentes que exploran la bebida o adultos que celebran ocasiones—, pero estas intoxicaciones no llegan a los entornos sanitarios a menos que exista un mínimo hábito de uso establecido en el tiempo. Por otra parte, la gran mayoría de intoxicaciones de alcance sanitario las vemos en enfermos con trastorno adictivo establecido en el tiempo, pero por consenso con el colectivo de afectados no los consideramos como el núcleo del comportamiento adictivo a fin de evitar la equivalencia acrítica entre borracho y alcohólico, la cual tiene una connotación claramente negativa e inductora de estigma social. Lo que sí debemos admitir es que, a pesar de que hayan desarrollado cierta tolerancia al alcohol, las personas afectadas muestran episodios más o menos frecuentes y más o menos intensos de intoxicación a lo largo del curso evolutivo de la enfermedad, y ello a pesar de la negación de estos episodios, que muchas veces anteponen. Sin embargo, de la existencia de intoxicaciones informan familiares y allegados.

Las alteraciones más frecuentes por intoxicación de sustancias son las que afectan a la percepción, la vigilia, la atención, el pensamiento lógico, la conducta psicomotriz y el comportamiento interpersonal. Además, las intoxicaciones aisladas pueden manifestarse de forma diferente que las intoxicaciones repetidas en el tiempo. Un caso típico es el de la cocaína, que los consumidores pueden consumir puntualmente para sentirse más sociables pero que si se reiteran en un uso más frecuente es probable que entonces aparezca aislamiento social.

Abstinencia

Como decíamos más arriba, la abstinencia, la interrupción de entrada de alcohol y demás sustancias en el organismo, rompe un equilibrio neurobiológico que la persona adicta ha ido creando a lo largo de los años de consumo. Es un equilibrio precario, ciertamente, destinado al intento de protegerse ante el tóxico consumido una y otra vez. Por esto decimos que el hábito, el hecho de acostumbrarse progresivamente a la sustancia, se vuelve adaptativo, y la tolerancia todavía lo es más: va más allá, deviene sobreadaptativa. Pero de pronto puede llegar la abstinencia, el final del suministro del alcohol o la droga por el motivo que sea, y este equilibrio precario se viene abajo. Es el desmoronamiento que sigue a la abstinencia súbita, manifestado con signos y síntomas que integran el síndrome de abstinencia, potencialmente peligroso y por tanto, ahora sí, desadaptativo. Desadaptativo a corto plazo y que suele requerir tratamiento médico, pero que una vez superado el síndrome, esta abstinencia será la solución del problema a largo plazo, siempre que se mantenga en el tiempo sin desfallecer, y siempre que la persona afectada se mantenga abstinente, firme en resistir el impulso de volver a consumir, que ya hemos visto que es propio de la adicción, del trastorno por consumo.

Este vaivén entre la adaptación de la adicción activa y la desadaptación del síndrome de abstinencia, tan característico de todo este fenómeno, es algo que no se observa en ninguna otra especie, ni tan solo entre los primates, orden taxonómico al que pertenecemos. Solo nosotros somos capaces de aficionarnos a consumir tóxicos de acción deletérea para la salud, la vida y la convivencia. No lo hace ningún otro animal. Recordando a Nietzsche, este fenómeno de la adicción es algo humano, demasiado humano...

Anteriormente ya señalábamos que el síndrome de abstinencia causado por el alcohol es el que más destaca por la posibilidad, remota, por suerte, de que aparezcan alucinaciones o ilusiones transitorias visuales, táctiles o auditivas, convulsiones tonico-clónicas similares a las de las crisis epilépticas y síndrome confusional. Este último vuelve a aparecer y lo acabamos de ver al hablar de intoxicación. Forma parte, como decíamos, de los trastornos neurocognitivos, entre los cuales están las demencias. Son síndromes de abstinencia grave que la mayoría de las veces se explican porque el enfermo ya presentaba, por ejemplo, una insuficiencia hepática, una neumonía, una hemorragia gastrointestinal, las secuelas de un traumatismo craneoencefálico, una hipoglucemia, un desequilibrio electrolítico o un estado postoperatorio.

El malestar abstinencial por interrupción de la ingesta de alcohol fue tratado, históricamente, con el propio alcohol: al afectado se le obligaba a beber cantidades progresivamente más pequeñas hasta que dejaba de presentar síntomas de abstinencia o los que presentaba no suponían riesgo para la salud. Desde hace años el tratamiento consiste en administrar tranquilizantes tan conocidos como el diazepam y, en general, las benzodiazepinas. Conviene saber que la máxima intensidad sindrómica aparece el segundo día de abstinencia y que transcurridos cuatro o cinco días se evidencia una franca mejora. De todas maneras, estos enfermos suelen continuar presentando durante meses, aunque con menor intensidad, síntomas de ansiedad, insomnio y sudoración o taquicardia. El médico informa de esta circunstancia sin olvidar mencionar que es vital para la persona su firme decisión de abandonar seriamente la bebida alcohólica.

Trastornos neurocognitivos por sustancias y medicamentos

En apartados anteriores se ha mencionado el síndrome confusional, el cual puede ser por intoxicación y por abstinencia. Como también se ha apuntado, los trastornos neurocognitivos más característicos son las demencias, y entre ellas las más conocidas son la enfermedad de Alzheimer, enfermedad cerebrovascular, el traumatismo cerebral, la enfermedad de Parkinson, la enfermedad de Huntington, la infección por virus de la inmunodeficiencia humana (VIH) y otras. Las dos primeras demencias son las más frecuentes y, además, pueden coincidir en el mismo enfermo, que suele ser una persona mayor. El resto de enfermedades mencionadas, incluidos también los trastornos neurocognitivos por sustancias y medicamentos, son por suerte menos prevalentes a pesar de que el consumo de alcohol y de otras sustancias de abuso —y también de medicamentos prescritos, por cierto— sea enorme.

En este punto hay que advertir que la gente mayor que necesita tomar benzodiazepinas (diazepam, Lorazepam, alprazolam, etc.) recetadas por el médico para combatir la ansiedad, inquietud o insomnio puede presentar cierto empeoramiento de la memoria. Entonces se desarrolla un tipo de trastorno neurocognitivo leve transitorio. De ahí que las dosificaciones de tranquilizantes siempre han de ser lo más bajas posible en la franja de edad de la gente mayor. Otra realidad muy alejada de esta y mucho más grave es el trastorno neurocognitivo amnésico confabulatorio, que el alcohol puede inducir. Si a la amnesia con incapacidad de aprender y a la confabulación delirante se añade déficit de tiamina (vitamina B), frecuente en personas con alcoholismo, entonces el afectado presenta nistagmo, ataxia (marcha descoordinada) y parálisis de la mirada lateral (oftalmoplejía): es la encefalopatía de Wernicke-Korsakof, una de las complicaciones más graves que puede provocar el alcoholismo.

Y para concluir este apartado, la droga que, tras el alcohol, más frecuentemente causa daños neurocognitivos es la metanfetamina, que cuando se fuma es llamada *cristal*. El trastorno neurocognitivo por anfetaminas es similar al de la demencia cerebrovascular, con la que puede coincidir, y cursa con debilidad focal, descoordinación unilateral y reflejos asimétricos.

Miscelánea a vista de pájaro

Se ha hablado mucho de alcohol en páginas anteriores, dado que su uso y abuso es desgraciadamente frecuente en muchos lugares. Hasta aquí hemos visto datos significativos sobre la intoxicación por alcohol, su síndrome de abstinencia y el gran número de enfermedades físicas y mentales que puede determinar. Solo queda señalar algunos aspectos más.

El primero y más importante es que debe combatirse la idea de que el alcoholismo es una enfermedad intratable. No es así, ni mucho menos. Por años que haga que una persona haya presentado alcoholismo, la práctica clínica demuestra que siempre es posible que el afectado opte en un momento dado por el cambio a la abstinencia mantenida. Hasta el punto de que muchos de estos enfermos van abandonando la ingesta alcohólica abusiva a medida que se hacen mayores.

Un segundo aspecto por conocer es que muchos japoneses, chinos, coreanos y otros colectivos asiáticos tienen una metabolización del alcohol que los protege del alcoholismo. La razón es genética y hace que la persona que bebe enseguida se ruboriza y tiene palpitaciones, cosa que contribuye a que no se repita la ingesta.

Un tercer punto poco conocido es la diferencia del efecto del alcohol en hombres y mujeres. Por una parte, es cierto que son muchos más los enfermos alcohólicos que las enfermas. Pero las mujeres pesan menos en general, tienen menos agua corporal y más grasa, y metabolizan menos el alcohol en el esófago y en el estómago. De todo ello resulta que una mujer, habiendo bebido la misma cantidad que un varón, presenta niveles de alcohol más altos en sangre. La consecuencia es que las mujeres que beben mucha cantidad también son más vulnerables a sufrir complicaciones asociadas al alcoholismo, como las enfermedades del hígado.

Otro aspecto a destacar de los efectos del alcohol es la posibilidad infrecuente pero real de que provoque malformaciones en el embrión cuando la gestante bebe durante el embarazo. Es el síndrome alcohólico fetal, es decir, el trastorno del neurodesarrollo asociado a la exposición intrauterina al alcohol; comporta daño cerebral, estigmas cutáneos y mal pronóstico *quoad vitam* para el recién nacido. Finalmente, debe recordarse que el uso excesivo de alcohol es la base de conductas suicidas y accidentes de tráfico y laborales. Y también de violencia de cualquier tipo (de género y otras), por lo que no es extraño que en ambientes medico-legales se diga que el alcohol ha sido y continúa siendo el factor criminológico número uno en nuestras sociedades.

Las otras dos sustancias que, junto con el alcohol, copan el pódium de la frecuencia de abuso en todo el mundo no se beben, sino que se fuman. Son el tabaco y el cánnabis.

Empecemos por el tabaco, del cual, afortunadamente y ya desde hace algunos años, se ha restringido por ley el uso en lugares cerrados. Debe destacarse que las normativas reguladoras del uso de tabaco han sido bien recibidas en todas partes, tanto por los no fumadores como por la mayoría de fumadores. Cosa que es obviamente una buena noticia, sobre todo si lo comparamos con la prohibición del alcohol en los EE. UU. de los años veinte y treinta del siglo pasado. Tal como hemos visto en tantas películas, aquel prohibicionismo parece que fue impopular y que provocó la eclosión del gansterismo alrededor de la producción y distribución de las bebidas alcohólicas.

Parece que así fue. Pero hay que añadir que entonces el consumo alcohólico disminuyó apreciablemente y que el efecto sanitario de esta reducción se hizo evidente: una franca disminución de las tasas de enfermedades por alcohol en la sociedad americana de aquellos tiempos. Transcurrido casi un siglo, las actuales leyes restrictivas del tabaco han demostrado ser más sensatas y de general aceptación por parte de la gente. No se han registrado efectos rebote, como sí fue el caso en los EE. UU. de aquella época ya lejana. Y esto tiene una relevancia sanitaria extraordinaria, porque fumar cigarrillos, vaporizadores y pipas de agua conduce al cáncer de pulmón, de vejiga urinaria y otros, a enfermedad pulmonar obstructiva crónica, a enfermedades cardiovasculares, a problemas perinatales como bajo peso al nacer y abortos involuntarios, tos, falta de aire y envejecimiento acelerado de la piel. Hay más consecuencias físicas por tabaquismo, claro está. Pero es que también hay consecuencias psiquiátricas: si fumas mucho, por ejemplo veinte cigarrillos diarios, es casi seguro que sufrirás síndromes de abstinencia e insomnio y tendrás más probabilidades de volverte adicto al alcohol y a las drogas y a sufrir depresión, ansiedad, trastorno bipolar y otros.

Y siempre hay que recordar que el fumador pasivo tiene un 30% de riesgo de sufrir cáncer y enfermedades del corazón. Por tanto, cualquier disminución del tabaquismo en la sociedad significa menos sufrimiento para muchos y más salud para todos. Acabamos este apartado con una buena noticia, y es que disponemos de medicamentos que permiten el tratamiento de mantenimiento sin el malestar de la abstinencia. Los más conocidos son los sustitutos de la nicotina de absorción cutánea, pero hay otros que también son de ayuda. Es recomendable que los fumadores de tabaco que deseen abandonar esta adicción consulten a su médico de cabecera a fin de que puedan aprovechar esta ayuda farmacológica, siempre bienvenida si tenemos en cuenta que, para muchos, dejar de fumar resulta muy difícil.

Completamos el podio de las sustancias de abuso con el cánnabis, tercera sustancia de uso masivo en el planeta después del alcohol y el tabaco.

En la figura 2 ya hemos visto que más de un veinte por ciento de españoles ha fumado como mínimo un cigarrillo de cánnabis los últimos dos meses. Si esto es verdad, y no tenemos por qué dudarlo, en nuestro país existen literalmente centenares de miles de fumadores de pocos o muchos porros. Con las consecuencias para la salud que esto comporta, evidentemente.

Fumar cánnabis o ingerirlo en alimentos en los que se haya añadido tiene el riesgo de provocar intoxicaciones, síndromes de abstinencia cuando hay adicción y trastornos mentales inducidos como el trastorno psicótico —la psicosis cannábica—, que puede ser del todo superponible a un brote esquizofrénico, trastorno de ansiedad, trastorno del sueño y también síndrome confusional.

Las preocupaciones principales que ha suscitado el trastorno por consumo, es decir, la adicción al cánnabis, son tanto el posible desencadenamiento o la exacerbación de la esquizofrenia como también las consecuencias de su uso en los adolescentes. Se ha comprobado que el consumo de cánnabis en esta franja de edad genera una problemática académica que puede llegar a ser grave: las calificaciones bajan mucho, hay absentismo escolar y aumenta la probabilidad de que el adolescente abandone prematuramente los estudios y vaya a la deriva hacia un estilo de vida marginal. La investigación ha demostrado que fumar porros antes de los quince años es un predictor robusto de trastorno por consumo (adicción) de esta y otras sustancias, sobre todo las ilícitas, pero también de alcohol y tabaco, y de trastornos mentales más adelante. A ello hay que añadir el riesgo de accidentes —conducir fumando porros, manejar máquinas— y las consecuencias físicas que ya hemos visto al hablar del tabaco. Por tanto, debe limitarse al máximo la disponibilidad de esta sustancia.

El hecho de que existan medicamentos con sus principios activos, los cannabinoides —que, por cierto, no se fuman, sino que se toman vía oral—, no quita peligrosidad al cánnabis, de la misma manera que el hecho de disponer de medicamentos mórficos no quita peligrosidad a los opiáceos.

Más allá de estas sustancias de uso masivo —alcohol, tabaco y cánnabis—, pasamos ahora a las que afortunadamente son menos consumidas, pero que también provocan alarma social y alcanzan altas cuotas de visibilidad mediática. Son los psicoestimulantes, cocaína y anfetaminas, y los opiáceos como la heroína. De esta última ya se ha mencionado más arriba la existencia del tratamiento de mantenimiento con metadona, un tratamiento esencial tanto en salud pública como a nivel individual.

Desgraciadamente, para los estimulantes y otras drogas no disponemos de herramientas farmacológicas específicas comparables con la metadona. Cuando los estimulantes se ingieren, se fuman o se inyectan a dosis altas, se puede generar agresividad y violencia. Su uso también favorece que aparezca ansiedad intensa, similar a un ataque de pánico, o ideas persecutorias y alucinaciones, similares a un episodio esquizofrénico. Cuando hay abstinencia de estimulantes es frecuente que el consumidor se sienta intensamente deprimido. Los usuarios que inhalan cocaína pueden presentar sinusitis y perforación del tabique nasal. Quienes la fuman suelen sufrir gingivitis, caries, llagas bucales y bruxismo. Quienes se inyectan estimulantes presentan punturas en los brazos, tal como también les sucede a los que se inyectan opiáceos. Pincharse drogas, como se sabe, es peligroso porque comporta el riesgo de infectarse con el virus de la inmunodeficiencia humana y desarrollar sida, así como adquirir enfermedades de transmisión sexual, hepatitis, tuberculosis y otras infecciones pulmonares. Además, entre los usuarios de metanfetamina es frecuente el deterioro cognitivo. Casi siempre, los enfermos que se inyectan muestran pérdida de peso y desnutrición.

Los adictos a este tipo de sustancias tienen el riesgo de sufrir cualquiera de los trastornos mentales inducidos enumerados en el apartado correspondiente.

Mencionemos ahora los inhalantes, los alucinógenos y otras sustancias como el gamahidroxibutirato (GHB) y el óxido nitroso, cuyo consumo queda confinado en grupos de población minoritarios.

Los inhalantes son hidrocarburos volátiles como el tolueno y otros disolventes, capaces de desprender gases tóxicos. Los usuarios emplean cola, combustibles, pinturas y otras mezclas volátiles. Suelen ser niños y adolescentes sin hogar, agrupados en bandas y que viven prácticamente en la calle. Dado que las sustancias que inhalan tienen la capacidad de disolver las grasas, no debiera extrañar que estos chicos puedan desarrollar pérdida de la materia gris cerebral con posible demencia; de hecho, en el sistema nervioso es funcionalmente relevante la presencia de grasas, por ejemplo en las vainas de mielina de las terminaciones nerviosas.

En cuanto a los alucinógenos, estos causan principalmente distorsiones de la percepción. Como grupo son un cajón de sastre, ya que se incluye el más conocido, el LSD (del alemán Lyserg Säure Diethylamid, dietilamida del ácido lisérgico); la metilenodioximetanfetamina, llamada *éxtasis* en la calle; la mezcalina procedente del cactus peyote; otros principios activos procedentes de plantas como la salvia (fumada) y el estramonio; la fenciclidina, anestésico fuera de uso; la psilocibina procedente de unas setas comestibles, y la ketamina, anestésico. De este último, la investigación farmacoterapéutica —que por cierto investiga mucho en el campo de los alucinógenos— ha obtenido la esketamina, un derivado disponible hoy día en farmacias como medicamento antidepresivo de última generación. Como innovación terapéutica en salud mental destaca la práctica reciente de la psicoterapia asistida por ketamina y por psilocibina, tratamiento en el que el psiquiatra administra el alucinógeno, ahora como medicamento, y este profesional o el psicólogo dialogan con el paciente a lo largo de la sesión. Volviendo a los motivos de alarma por consumo de sustancias, ya hemos dicho que el LSD puede causar trastorno persistente de la percepción (*flashbacks*). Y, evidentemente, ni el GHB ni el óxido nitroso, ni ninguna de las muchas sustancias de abuso que hay en el mercado ilícito están libres de ser potencialmente nocivas para la salud.

Finalmente, no es ocioso mencionar la cafeína como sustancia que puede causar algún susto incluso grave, si bien muy raramente. Estamos hablando de dosis extremadamente altas, es decir, de cinco a diez gramos, una auténtica urgencia médica por el riesgo de crisis epilépticas y muerte por fallo respiratorio. A partir de un gramo al día ya pueden aparecer espasmos musculares, divagaciones del pensamiento y el habla, taquiarritmia cardíaca y periodos de infatigabilidad y agitación psicomotriz; esta eventualidad también es rara. Las dosis diarias habituales de cafeína son de menos de cien miligramos hasta doscientos miligramos como dosis bajas, y como dosis altas desde cuatrocientos miligramos a seiscientos miligramos. Estas cantidades son normalmente bien toleradas por los consumidores, si bien a personas vulnerables, como niños y ancianos que no hayan desarrollado tolerancia, pueden causarles sintomatología de intoxicación, con insomnio, rubor facial, diuresis y molestias gastrointestinales. Del eventual síndrome de abstinencia por cafeína destaca el dolor de cabeza o cefalea, la cual puede resultar muy molesta. Debe tener en cuenta que la cafeína es la droga de más amplio consumo en el mundo. Se halla en el café, el té, la hierba mate, en refrescos, en las llamadas bebidas energéticas, en complementos dietéticos y en medicamentos —vitaminas, analgésicos— que se compran sin receta. La cafeína, igual que la nicotina, es un estimulante como la cocaína y las anfetaminas, consideradas estas los psicoestimulantes mayores.

El caso es que la suma del consumo de cafeína y nicotina en el mundo es enorme en términos de número de usuarios, quizá la mitad de la humanidad. Pese a que son estimulantes menores, la nicotina y la cafeína juntas dominan, muy por encima del resto, el consumo mundial de drogas. Y esto lo vemos, por ejemplo, cada día escenificado en el rito social del café y el cigarrillo o el cigarro después de las comidas. De este rito es obvio que lo que es verdaderamente nocivo para la salud es el tabaco, no el café.

El *pharmakon* de Platón

Acabamos de ver que la distancia existente entre una droga y un medicamento suele ser pequeña. Es más, muchas veces droga y medicamento son la misma cosa. De hecho, en inglés *drug* reúne ambas acepciones. Y este es también el caso de la palabra griega *fármaco*, *pharmakon*, que significa droga y medicamento a la vez. Nos hallamos, pues, ante un hecho importante en la existencia humana y no debería sorprendernos para nada que Platón, probablemente el pensador más genial (se ha dicho que la historia de la filosofía está hecha de pies de página en sus textos), reflexionara sobre el tema en libros suyos como *Leyes* y *Cármides*.

Platón lo tiene claro y nos lo hace ver claramente: el *pharmakon* muestra una esencia aparentemente contradictoria. Es a la vez veneno y antídoto, representa tanto la enfermedad como la curación. Tiene la capacidad de imitar el mal y a la vez de contrarrestarlo. Platón reflexiona que esta ambivalencia que vemos en un *pharmakon* surgido de la naturaleza se refleja en la ambivalencia que suele haber en las decisiones humanas, en las opiniones, las normas y, en definitiva, en la ética. Platón nos descubre el *pharmakon* de la naturaleza y el *pharmakon* social del bien y del mal como un mismo fenómeno, cuya percepción nos obliga a la deliberación, a sopesar pros y contras, beneficios y riesgos.

Ya en el siglo XIX se alzaron voces reivindicando una mirada libre de prejuicios sobre esta realidad. Entre los médicos, el más calificado fue Robert Koch, el descubridor del microorganismo causante de la tuberculosis. Ante quienes condenaban de forma acrítica los opiáceos, él recordó que combatir el dolor es quizá la tarea más noble del médico, quien siempre ha de prescribir según indicaciones establecidas y conocimiento del riesgo.

De la mano de Platón enseguida llegamos a la conclusión de que en nuestra sociedad este concepto unitario de *pharmakon* se ha escindido. Se ha pasado del *medicamento y droga* al *medicamento o droga*. Se han segregado ambas acepciones. Nuestra percepción se ha vuelto maniquea: hablamos de sustancias buenas, salvíficas, enfrentadas a sustancias malas que nos llevan a la perdición. Caemos en la puerilidad de proyectar nuestro maniqueísmo tan humano —demasiado humano, diría el filósofo alemán ya citado— en la naturaleza, en el mundo de las cosas.

Estigma social

Las enfermedades psiquiátricas, en general, y las debidas al consumo de sustancias, en particular, se hallan estigmatizadas, en el sentido de que están mal vistas por la opinión pública. Significa esto que muchos piensan que son enfermedades que, poco o mucho, son culpa de quien las sufre. En las antípodas de esta llamémosle "mala prensa" de los trastornos adictivos está el cáncer, con constantes campañas de recogida de dinero para financiar la investigación médica; todos estamos de acuerdo con ello, naturalmente. Por más que sepamos que existen cánceres en que el estilo de vida es un factor de riesgo reconocido por los científicos y que, por tanto, hay una parte de culpa en los propios pacientes. Si no gusta esta palabra, hablemos de responsabilidad, tanto da. Pero el caso es que la opinión pública que configuran los medios de comunicación y las redes sociales se muestra sesgada, negativamente, ante los trastornos por consumo de alcohol y demás sustancias.

Consideraciones sobre el tratamiento

No es este el lugar para profundizar en cuestiones terapéuticas sobre el abuso de sustancias. Pero en cambio, sí que es ilustrativo mostrar en esquema cómo hay que considerar el tratamiento según se haga de forma ambulatoria o bien hospitalaria.

El tratamiento ambulatorio es el preferible, en principio, ante casos en los que el paciente sufre menos daño orgánico, presenta menos vulnerabilidad tanto a nivel psicológico como en el propio contexto social y afronta menos conflictividad interpersonal. Si, por otra parte, presenta más estabilidad motivacional y una buena disponibilidad para efectuar el seguimiento a lo largo del tiempo —un año, o mejor, dos— y aprovechar al máximo los recursos a su alcance, entonces esta persona es probable que tenga éxito en su propósito de recuperarse.

El tratamiento hospitalario se lleva a cabo cuando el médico no cree indicado el tratamiento ambulatorio. Lo decide, por ejemplo, cuando ve que el daño orgánico puede ir a más, complicarse y aumentar el riesgo más allá de lo razonable. El médico también puede decidir la hospitalización por motivos tan concretos como que la experiencia clínica ha demostrado que la dependencia de benzodiazepinas —los tranquilizantes— es poco práctico tratarla en el domicilio del paciente, ya que tener al alcance estos medicamentos resulta demasiado tentador para el enfermo, que probablemente no se ceñirá a las dosificaciones prescritas. Otro factor que inclina al médico a indicar hospitalización es que el paciente esté inmerso en un contexto de conflictos y de estresores que, de tan desbordantes, probablemente vayan a frustrar el tratamiento. Finalmente, un motivo para preferir una estancia en el hospital es que la persona no se halle suficientemente motivada para asumir el esfuerzo personal inherente a tratarse o que exista poca disponibilidad para el seguimiento terapéutico requerido.

Es evidente que valorar todas estas circunstancias resulta más favorable para el paciente cuando no solo es el médico quien decide, sino el equipo sanitario, que idealmente incluye profesionales de la psicología, la enfermería y el trabajo social. Técnicamente es al médico a quien corresponde indicar hospitalización y prescribir medicación, pero valorar de la mejor manera posible la complejidad de la situación significa que el equipo sanitario, idealmente, podrá explorar, analizar y deliberar conjuntamente caso por caso. Además, escuchando

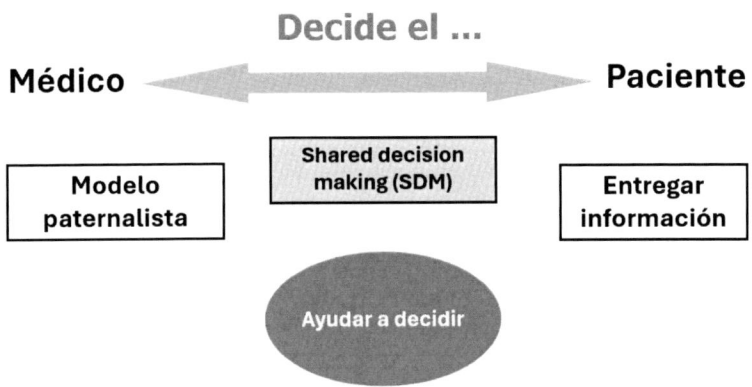

Fuente: elaboración propia.

en profundidad al enfermo, naturalmente, y también a los familiares cuando están. Si se tienen en cuenta tales requisitos, se aseguran las mejores decisiones para el paciente y se maximizan las probabilidades de que se recupere. Y si hemos introducido por dos veces el adverbio *idealmente* es sencillamente porque no siempre se hallan disponibles todos los recursos profesionales mencionados. Debe reconocerse que, actualmente, estos recursos y la infraestructura sanitaria en general es tan importante, tal como se ha podido ver al comienzo de este capítulo, como para pensar que las ayudas están ahí y que, de hecho, la mayoría de pacientes hacen uso de ellas con provecho para su salud.

La relación entre terapeuta y paciente se basa en compartir las decisiones. Es evidente que el terapeuta no puede ser paternalista y decidir por el paciente, y el paciente no ha de ser un mero informador. Ambos deben involucrarse. El objetivo de los profesionales implicados es siempre ayudar a que los pacientes tomen las decisiones más favorables para su salud y, en general, para cada uno de ellos y ellas como persona.

Una sesión de terapia de grupo

Como se sabe, la psicoterapia de grupo es la herramienta más significativa a la hora de ayudar a que las personas puedan cambiar a comportamientos adaptativos. Y lo es porque el otro pilar psicoterapéutico, la terapia individual, requiere un número de profesionales que los recursos normalmente al alcance no permiten. A continuación transcribimos una larga sesión grupal que, como se verá, resulta bastante lograda. Los integrantes del grupo demuestran saber de qué va este tipo de terapia, y esto es así porque tienen la experiencia de haber frecuentado centros ambulatorios, hospitales, comunidades terapéuticas y pisos de reinserción social; de todos estos dispositivos hemos hablado más arriba. Los protagonistas de este grupo terapéutico, aquí con nombres que no son suyos por razones de privacidad, compartieron meses de estancia en una comunidad terapéutica para drogodependencias.

ALEX: ¿Qué pasó con tanta bronca, Fina?

FINA: Manolo y el Trampas se metieron conmigo cantidad, y eso duele.

DIEGO: Y, claro, tú no te quedaste callada.

FINA: Qué va, no me he pasado ni un pelín. Simplemente que no me gusta que me hieran.

ANA: ¿Luego qué te dijeron?

FINA: Dijeron que no valía. Hombre, ya sé que a veces no controlo bien el cotarro, pero vamos...

ANA: No te gustó.

FINA: ¿A ti qué te parece? Pero que me digan que no valgo, pues no.

CHEMA: ¿Y por qué tanta bronca, tía?

FINA: Bueno, el Trampas entró y dijo que Manolo no tenía trabajo y que vendría a hacer lo mío. Como saben que me largo, querían poner a alguien en mi lugar. Me sentí bastante mal pensando que Manolo ocuparía mi sitio.

CHEMA: ¿Y entonces os liasteis la manta a la cabeza y organizasteis una sesión de grupo a lo bestia?

FINA: No, primero el responsable nos llamó y empezaron a salir las cosas, los trapitos al sol. Bueno, no estuvo nada mal. La verdad es que luego me sentí mejor, me habían herido con tanta bronca. Pero por lo menos me sinceré, que ya es algo.

ALEX: Empiezas a ser una gran paliza, Fina. En cada grupo que he estado contigo, a la que se te pregunta, no pierdes la ocasión para contar películas: que si te encuentras herida, que si te sientes tan mal, que si quizá no vale la pena nada. ¿Cuándo acabarás con tanto rollo? ¿Qué es lo que quieres del Trampas, a ver?

FINA: No tengo nada contra el Trampas.

DIEGO: No eres más que una capulla. Viene el Trampas, te grita a ti y a Manolo, y ¡hala, tía!, aquí no ha pasado nada...

FINA: No, señor. Lo que pasa es que el Trampas todavía está muy inseguro. En el fondo, yo no tengo nada que ver con su rollo.

ALEX: Oh, qué comprensiva eres.

FINA: ¿Pero no nos dicen que tenemos que hacer "como si" lo comprendiéramos todo?

ALEX: Vale, vale, pero estamos en pleno grupo, y aquí figura que no estamos para chorradas. ¿O es que ya te consideras supercurada?

FINA: No.

ALEX: ¿Y por qué coño no te comportas como eres?

CHEMA: ¿Qué piensas del Trampas, Fina?

FINA: Al Trampas lo aprecio mucho.

DIEGO: ¡No es verdad! Y si tú sientes que él está inseguro, ¿por qué no se lo dices? ¡Mira bien su silla, aquí podría estar sentado!

FINA: Todo eso ya se lo dije.

DIEGO: ¡Díselo ahora!

FINA: Qué tontería. Le dije que era inseguro, y ya está. Aunque algo de lo que le dije quizá no esté bien.

ALEX: ¿Qué?

FINA: Bueno, tú, el que manda aquí es el responsable, y cuando el Trampas me pide algo, le ayudo si no me han encargado nada. Una vez, el Trampas me preguntó a ver cuándo haría algo por él. Le contesté que qué quería. Fue el tono lo que le molestó.

DIEGO: ¿Entonces no te diste cuenta?

FINA: No. Me lo dijo más tarde.

ALEX: Puede que tus sentimientos hacia él le parecieran puro teatro. Seguro que fue esto lo que le molestó.

FINA: No tengo nada contra el Trampas.

ANA: Claro, claro. Menuda lagarta estás hecha. Al responsable se lo haces todo, y el Trampas ni que fuera un lacayo. Me imagino el tono en que le hablaste, a todos les hablas igual. Al novato del Trampas que le parta un rayo. ¡La señora solo atiende a los de arriba!

FINA: ¡Pero si el Trampas ya ha demostrado que va bien!

DIEGO: ¿Pues entonces por qué te es tan difícil enrollarte con él?

FINA: No fue tan difícil.

DIEGO: ¿Seguro? A ti lo que te pasa es que no te aclaras. Le tienes tirria al Trampas, eso es lo que te pasa. Cuando te pide que le ayudes, todo son excusas.

FINA: Bueno, la cosa empezó antes de la reunión. Le dije a Manolo: "Me he enterado de que coges otra tarea". El tipo se me acercó, diciendo "que te den por el culo".

DIEGO: ¡Un momento! No me vas a decir que no te quedaste con ganas de soltarle una fresca.

FINA: ¡Claro!

DIEGO: ¿Sí? ¡De qué!

FINA: ¡Sí, se la solté!

ANA: ¿Así, tan tranquila? No lo creo. Te quedaste con mala uva dentro, seguro, y disimulaste, como siempre.

FINA: Te digo que no. Ni sombra de rencor. Se lo dije a Manolo tal como te lo digo ahora.

QUIQUE: ¿Te crees que somos bobos? A ti lo que te gusta es jugar al gato y al ratón. Y, además, ¿qué coño haces todo el día con no sé cuántas tareas arriba y abajo? Si es verdad que te largas, me parece que te tendrán que poner un sustituto.

CHEMA: Y, además, has dicho que no te queda rencor, ni nada de nada. ¿Entonces por qué lo de Manolo, que lo sientes como si te estuviese ocupando el puesto?

FINA: ¡Eso fue antes, después de que él entró y se sentó en mi silla!

CHEMA: ¡No! ¡Por algo Manolo te envió a tomar por el culo! Que se te ve el plumero. Te reventaba que él te cogiera el puesto.

FINA: Eso ya se lo dije.

CHEMA: Pero no al momento, nena. Por lo menos admite que podrías habértelo montado mejor, ¿no?

ALEX: A ti lo que te pasa es que te piensas que la gente no te cala. Pero aquí nos conocemos todos, demasiado que nos conocemos... ¿Qué te piensas, que no te he visto entrar de mala manera, sin llamar, en plan señora marquesa? No sé lo que te crees que eres.

FINA: Mira, esto es mentira. Sabes que llamo a la puerta, pido permiso y tal, a no ser que...

ALEX: Uf, lo que te costó aprenderlo.

FINA (muy molesta): ¿Bueno, para con el coñazo, no?

ALEX: ¿Qué coñazo?

FINA: ¡Tanta historia con cómo me comporto! Cuando entro, me siento tan insegura de mí misma.

ALEX: Mira, titi, corta el rollo, que eso ya nos lo sabemos.

FINA: ¡Qué pedazo de cabrón eres, tío!

ALEX: Y tú aparentas mucho, pero eres poco.

JUANA: ¿Sabes por qué nos metemos tanto contigo, Fina?

FINA: Sí, ya sé que el tono con que hablo, las vibraciones que doy son chungas, pero...

JUANA: Pues si sabes que te lo montas mal, haz algo, ¿no? Para eso estamos en un grupo, para que puedas librarte de tu mierda, ¿no?

ALEX: Fina, ¿cómo te va con el resto de las chicas, aquí?

FINA: Muy bien.

DIEGO: ¿También con la broncona de Ana? (la señala).

FINA: Hombre, no sé.

DIEGO: Va, mujer, que lo sabes muy bien. Todo el mundo sabe lo agresivilla que es Ana. Y tú la esquivas. ¿Le tienes miedo?

FINA: Hombre, no creo.

ANA: Sigues hablando como siempre. Por eso siempre te echo las verdades a la cara. Y, claro, no te va.

FINA: Preferiría que no solo me soltaras las verdades. Sabes que una vez te pedí que habláramos.

ANA: Sí, pero siempre pensando que solo tú tienes razón. No escuchas a la gente, Fina. Lo del Trampas no es más que un ejemplo.

PACO: Fina me pone enfermo, no puedo remediarlo, es superior a mis fuerzas.

ALEX: Por cierto, Paco, ¿no te pasaste ayer, gritándole a Fina?

PACO: Es que se mete en todo, aunque no tenga ni idea del tema.

DIEGO: De acuerdo, pero tú te pasas de la raya, y mucho.

PACO: Todavía es poco, ¿vale?

DIEGO: Pero si todos vemos que parece que lo busques tú, hombre.

ALEX: ¿Por qué no te destapas un poco con Fina, eh?

FINA: No, no. Conmigo que no se destape. Que se calme un poco, ¿no? El otro día fue demasiado. Puede que me enrolle mal, pero me insultaste, Paco.

PACO: Me encantaría que me dejaras en paz, Fina.

DIEGO: ¿No estarás colado por ella, no?

PACO: ¡No, por favor!

QUIQUE: No sé... Parece como si flotara algo en el ambiente, como si hubiera algo que no se puede tocar...

DIEGO: Si la tía te va, mejor te declaras y en paz, ¿vale?

PACO: Sería lo último.

ALEX: Oye tío, en lugar de berrear por ahí, es ahora, en el grupo, donde tienes que desfogarte.

CHEMA: Es aquí donde hay que gritar, coño.

JUANA: Típico de Paco. Fuera está histérico y en los grupos está más callado que un muerto.

CHEMA: Escúchame bien, Paco. Toda la bronca con Fina, ¿no te la montas para hacerte notar? Porque macho...

PACO: Que no, coño, que no.

CHEMA: ¿Y qué tal te va con los otros?

PACO: Mucho mejor que con ella.

CHEMA: ¡Con ella te pasas cantidad!

PACO: Os lo digo y os lo repito: Fina me pone nervioso, me hace saltar a la primera, no sé.

QUIQUE: ¿Te recuerda a tu madre?

PACO: ¿Qué? No. ¿Qué quieres, que diga que sí?

CHEMA: ¿Sí o no?

PACO: Un poco sí. ¿Estáis contentos?

CHEMA: ¿Cómo?

PACO: Y yo qué sé.

QUIQUE: ¿Tu madre cómo es, gruesa?

PACO: Bueno, mamá es algo corpulenta.

QUIQUE: Igual que Fina. ¿Habla con el mismo acento que Fina, no? ¿Dice cosas parecidas, no?

PACO: Bueno, puede que sí. Pero mi madre tiene muchos más sentimientos que Fina.

QUIQUE: Qué quieres que te diga. Pero no me digas que tu madre no te irritaba cuando te soltaba la cantinela del "¿no te irás a pinchar otra vez, hijo mío?"

CHEMA: Pero si ya se ve que lo que le pasa a este es lo de la identificación, ¿no? El rollo es fácil: su madre no le quería, y Fina, tampoco.

PACO: ¡A mi madre dejadla en paz de una vez, coño! Bastante ha pasado con mi padre la mitad del tiempo en la cárcel.

DIEGO: ¡Para ya, para! que nos harás llorar.

PACO (sarcástico): ¿Y yo no puedo olvidar agarrarme a las faldas de mi mamaíta, no?

JUANA: Algo así. Tu madre te tiene todo el coco ocupado, nene.

ALEX: Va, tío. Admite que tu mamá te descontrola cuando os veis alguna vez.

PACO: ¡Sí, sí! Me pongo histérico a los dos minutos de hablar con ella. Uf, que mal rollo le doy.

ALEX: Por fin.

ANA: Hay para matarte, Paco. Atacas como una furia a Fina solo por tus historias de niño de teta.

QUIQUE: Como si no hubiéramos notado cómo te lanzas al teléfono cuando mamá te llama. ¿Te haces pipí en la camita? (risas).

PACO: ¡Volved a mentar a mi madre y envío este grupo al carajo!

DIEGO: El niñito se enfada. Lo que quieres es que tu madre te quiera como si solo existieras tú en el mundo, Paco. Y ya eres mayorcito, ¿no?

QUIQUE: Que le quiera sin condiciones. Amor sin fronteras. Y claro, lo que te dio te sigue sabiendo a poco, y siempre quieres más, siempre más. Esta es tu droga, tío, y estás enfermo del coco, como un cencerro. Y a la que ves a alguien como Fina, ¡zas!, te aprovechas para seguir con tus berrinches. Y lo pagamos todos.

ALEX: ¡Sí, joder! Siempre está queriendo llamar la atención.

PACO: Y si es así, ¿qué?

ALEX: Tranquilo. ¿Qué pasa contigo?

PACO: Pues me gusta hacerme oír, ¿vale? Bueno... puede sonar idiota, pero así me siento acompañado, menos solo (ríe forzadamente).

QUIQUE: Joder, macho, tienes una risa de perra en celo. ¿Es esto reír con naturalidad? Mira, tío, esto es un grupo, y aquí o te desnudas o te desnudamos nosotros, ¿Por qué coño siempre tienes que escurrir el bulto?

ALEX: ¡Menos llamar la atención como un histérico y más currar, tío, que eso es lo que te hace falta!

PACO: Alex, mira, vosotros...

ALEX: ¡Un momento! Ni vosotros, ni pollas, eres tú quién tienes que mirar por ti.

QUIQUE: Oye, Paco. ¿Es que algún día serás capaz de ver la diferencia entre llamar la atención y despertar simpatía?

PACO: Bueno, sí.

QUIQUE: ¿Qué prefieres de esas dos cosas?

PACO: Ya sé por dónde vas. Pero en mi vida no he llegado a despertar muchas simpatías.

QUIQUE: Porque lo confundes con llamar la atención de mala manera.

Tal como se ha podido observar, el tipo de interacción que establecen los miembros del grupo es la comunicación catártica, es decir, la minimización de las inhibiciones interpersonales a fin de que emerjan las verdades normalmente no dichas, silenciadas. Es una pretensión que puede ir más allá de los frenos habituales en las conversaciones a las que estamos acostumbrados. Hay que decir que este modo de interaccionar en grupo también tiene sus líneas rojas, sin las que simplemente se rompería la voluntad de los individuos de permanecer sentados discutiendo juntos. Se considera que decirse las verdades a la cara dentro del formato terapéutico grupal promueve un sentido de autenticidad en los miembros, el cual les resulta de ayuda. Se trata de aprender a liberarse de los hábitos artificiosos acumulados a lo largo de todo el periodo de haber consumido sustancias. Los profesionales implicados intentan catalizar la intercomunicación con el objetivo de favorecer la ayuda mutua entre los miembros del grupo. Significa ayudarles a afrontar el reto que tienen de cambiar de estilo de vida.

Para saber más sugerimos los siguientes sitios de internet:

— Xarxa Perifèrics y Promoció i Desenvolupament Social (PDS) pueden orientar sobre el tema crucial que es la prevención
— Lasdrogas.info
— Fundació Salut i Comunitat
— Canal Drogues (Generalitat de Catalunya)
— Delegación del Gobierno para el Plan Nacional de Drogas
— Màster de drogodependències de la Universitat de Barcelona
— "Drogas y el afán prohibidor", Xarxa Perifèrics
— National Institute on Drug Abuse

Bibliografía

American Psychiatric Association: *Diagnostic and Statistical Manual of Mental Disorders*, quinta edición. Washington D. C., American Psychiatric Association, 2022.

Martí, Víctor: *Diari de sessions del Parlament de Catalunya*. "Comissió d'Estudi sobre la Salut Mental i les Addiccions" [en línea]. Parlament de Catalunya (3/3/23). Disponible en: www.parlament.cat/document/dspcc/390106716.pdf.

Sociedad Española de Inteligencia Artificial en Biomedicina [en línea]. Disponible en: www.iabiomed.org.

Solé Puig, Josep: *Terapia antidroga*. Barcelona: Salvat editores, 1989.

— (ed.): *Red Cross responding to current needs: AIDS and drug abuse*. Cruz Roja Española, 1997.

— (ed.): *Manual de psicoterapia interpersonal de Klerman y Weissman*. Madrid: Editorial Grupo5, 2013.

Torralba, Francesc: *La construcció de l'esperança: edificació i receptivitat*. Barcelona: Edimurtra, 1998.

LA ADICCIÓN A LAS PANTALLAS RETOS EDUCATIVOS Y SALUDABLES DE LAS TECNOLOGÍAS DIGITALES EN NIÑOS Y ADOLESCENTES: MANUAL DE SUPERVIVENCIA[1]

Miquel Àngel Prats

Introducción

El fenómeno de las tecnologías digitales nunca nos deja indiferentes. La pandemia aceleró la llegada de la revolución digital a nuestras vidas y sociedades de una forma que nunca hubiéramos imaginado hace tan solo unos años. Los avances que se preveía hacer en varios años se han hecho realidad en pocos meses. La digitalización ha llegado para quedarse y está cambiando la forma como trabajamos, consumimos, nos relacionamos, nos informamos y nos conectamos con nuestros seres amados, al mismo tiempo que multiplica las oportunidades y acelera las potencialidades que la tecnología ofrece y que exige soluciones cada vez más ágiles y creativas a las demandas sociales.

Sin darnos cuenta, nos hemos encontrado inmersos en plena revolución (industrial) digital 4.0.

Si hablamos de revolución (industrial) 4.0 significa que antes hemos tenido que vivir tres revoluciones que han cam-

---

1. Siguiendo las recomendaciones de la regulación europea en el uso de la IA, como criterio de transparencia confirmamos que algunas partes de este capítulo se han elaborado utilizando herramientas de inteligencia artificial generativa a partir de la transcripción de la conferencia impartida el pasado 6 de mayo de 2022 en la Seu d'Urgell, con motivo de la Càtedra de Pensament Cristià. Véase la conferencia completa en <https://www.youtube.com/watch?v=Gy0LrBd0f6Y>.

biado la sociedad: la primera de la mano de la revolución agrícola; la segunda de la mano de la revolución industrial y la tercera de la mano de la revolución de la información.

La revolución 4.0 es un término utilizado para describir la tendencia actual de automatización e intercambio de datos entre tecnologías digitales. Incluye el uso de sistemas ciberfísicos, el internet de las cosas y la computación en nube. Sin miedo a equivocarnos, podríamos afirmar que la digitalización es la integración de las tecnologías digitales en todos los ámbitos de la sociedad y la economía, cuyo objetivo es aumentar la eficiencia y la productividad, crear nuevos modelos de negocio, así como mejorar la calidad de los servicios y los productos. La revolución 4.0 es el paso siguiente en la digitalización de la fabricación (industrial). En definitiva, es una transformación impulsada por la convergencia de las tecnologías físicas, digitales y biológicas, que conlleva cambiar nuestra forma de vivir, trabajar e interactuar con el mundo. Dado que la revolución digital está aquí y está cambiando la forma como se desarrolla el mundo laboral, como se estructuran y como trabajan las industrias y como se comportan y se relacionan las personas en todos los ámbitos de la vida, tal y como lo hicieron en su momento la aparición de la imprenta o de internet, para prosperar en un mundo impulsado por datos y por algoritmos, habrá que aprender a ver, a pensar y a actuar de nuevas formas.

Desde mi perspectiva, creo que en estos momentos necesitamos fijarnos en algunas cuestiones fundamentales y necesarias para educar de forma saludable a nuestros niños y adolescentes en el uso de las tecnologías digitales. Y es lo que analizaremos en este breve capítulo: en primer lugar, *"comprender y entender el momento sociotecnológico actual en que viven"*; en segundo lugar, buscar *"cuál es el papel que deben tener las familias en la educación digital de sus hijos"*; y en tercer lugar, saber qué recomendaciones generales podemos aportar para utilizar la tecnología de la forma más segura, ética y saludable posible.

Comprender el contexto sociotecnológico de niños y adolescentes

Este apartado se centrará en el entorno actual en el que se desarrollan las tecnologías digitales y cómo este contexto afecta a la forma como los jóvenes interactúan con estas herramientas.

Creo que es altamente necesario hacer un esfuerzo para entender qué está pasando con las tecnologías digitales en nuestro entorno y poder tomar las medidas oportunas al respecto. Saber qué momento histórico nos toca jugar, si así se puede decir, y qué impacto tienen en ello las redes y los dispositivos móviles. Adivinar cuáles son las tendencias tecnológicas y cuáles son los retos actuales y futuros que debemos afrontar. Comprender, por ejemplo, que la percepción que tienen nuestros niños y adolescentes sobre la tecnología no tiene nada que ver con la percepción que tenemos los adultos. Nuestros marcos mentales son distintos: allí donde nosotros vemos con frecuencia ruido y trastos viejos, ellos no ven nada. La tecnología para ellos es invisible. No tienen miedo. Y quizás por esto, no ven los riesgos o las posibles consecuencias de haber colgado una foto o un comentario en una red social.

Se hace más necesario que nunca que les acompañemos y que seamos ejemplo en este proceso de descubrimiento y de aprendizaje de los dispositivos y de los nuevos lenguajes de las redes, aplicando una mirada crítica y positiva.

En este sentido, el contexto sociotecnológico de la infancia y la adolescencia se caracteriza por el uso generalizado de las tecnologías de la comunicación e internet, así como por su creciente integración en la vida cotidiana. Siguiendo el documento del Síndic de Greuges (2021), esto plantea varios retos que se tendrían que superar para garantizar los derechos de los niños y jóvenes en este entorno. Algunos de estos retos son:

1. *La brecha digital.* Aún hay muchas personas que no tienen acceso a las tecnologías de la comunicación e

internet, y ello puede generar desigualdades en el acceso a la información, la educación y otros derechos.
2. *La privacidad y la protección de los datos personales.* Los niños y jóvenes pueden ser vulnerables a la recopilación y al uso no autorizado de sus datos personales por parte de las empresas tecnológicas.
3. *El ciberacoso.* El uso de las tecnologías de la comunicación e internet puede facilitar el ciberacoso, que puede tener efectos graves en la salud mental y emocional de los niños y jóvenes.
4. *El contenido nocivo.* Los niños y jóvenes pueden estar expuestos a contenidos nocivos en línea, como por ejemplo la pornografía infantil, la violencia o la radicalización.
5. *La falta de alfabetización digital.* Muchos niños y jóvenes pueden no tener las competencias necesarias para hacer un uso responsable y seguro de las tecnologías de la comunicación e internet.

Para superar estos retos, es importante promover una educación digital en el colegio y en el hogar que fomente la alfabetización digital, la participación activa y crítica de los niños y jóvenes en el entorno digital, la privacidad y la protección de los datos personales, la prevención del ciberacoso y otras formas de violencia en línea, y la promoción de la igualdad de género y la no discriminación en el entorno digital.

Por su parte, Harari (2019) o Fullan (2021) piensan que la educación con el soporte tecnológico tiene que centrarse en el desarrollo de habilidades blandas o *soft-skills* como la resolución de problemas, el pensamiento crítico, la creatividad, la gestión de equipos, la cooperación y la inteligencia emocional.

La importancia de la educación digital

En este breve apartado, se discutirá la necesidad de educar a los jóvenes sobre el uso adecuado de la tecnología, incluyendo la comprensión de sus funcionalidades y los posibles riesgos asociados.

Los principios básicos y las posibles acciones de una buena educación digital se podrían clasificar en:

1. Promover la alfabetización digital y las competencias necesarias para el uso responsable y seguro de las tecnologías de la comunicación e internet.

   a. Organizar talleres y sesiones de formación sobre el uso seguro y responsable de internet y las redes sociales.

   b. Incidir en el aprendizaje práctico de programación, diseño web, etc., para familiarizar a los niños con la tecnología.

   c. Enseñar a los estudiantes a identificar y protegerse de los peligros como el *phishing*, el *malware*, etc.

2. Fomentar la participación activa y crítica de los niños y jóvenes en el entorno digital, así como su capacidad para la creación de contenidos digitales.

   a. Fomentar proyectos de creación de contenidos digitales como blogs, páginas web, vídeos, etc.

   b. Enseñar a los estudiantes a ser críticos con la información que encuentran en internet, identificar las fuentes fiables y evitar las *fake news*.

   c. Animar a los estudiantes a participar activamente en debates y discusiones en línea de forma respetuosa y productiva.

3. Garantizar la privacidad y la protección de los datos personales de los niños y jóvenes en el entorno digital.

   a. Enseñar a los estudiantes a leer y entender las políticas de privacidad y uso de datos personales de las páginas web y aplicaciones.

   b. Proporcionar orientaciones sobre el uso de las configuraciones de privacidad en las redes sociales y otras plataformas en línea.

c. Informar a los estudiantes sobre los derechos relacionados con sus datos personales y cómo ejercerlos.

4. Prevenir y abordar el ciberataque y otras formas de violencia en línea.

   a. Proporcionar información y recursos para la prevención del ciberataque.

   b. Enseñar a los estudiantes a identificar el ciberataque y qué hacer si se ven afectados o si son testimonios de este.

   c. Implementar protocolos claros para la denuncia y el abordaje del ciberataque.

5. Promover la igualdad de género y la no discriminación en el entorno digital.

   a. Fomentar la participación de todas las niñas y chicas en el aprendizaje de la tecnología y la programación.

   b. Proporcionar ejemplos positivos de mujeres en la tecnología y la informática.

   c. Luchar contra los estereotipos de género en la educación digital y promover un ambiente de aprendizaje inclusivo y respetuoso.

La importancia de la reflexión crítica en el uso de la tecnología

Este apartado discutirá la necesidad de fomentar la reflexión crítica entre los jóvenes en relación con su uso de la tecnología, incluyendo la capacidad de analizar y cuestionar la información que consumen a través de estas plataformas.

Como hemos visto en apartados anteriores, la tecnología digital e internet han transformado la forma como consumimos la información, pero también han aumentado la exposición a la desinformación, las *fake news*, noticias falsas, y otras formas de contenido engañoso o perjudicial. Es por ello que, ahora más que nunca, es esencial fomentar un uso reflexivo y crítico de la tecnología.

Para empezar, es importante enseñar a los jóvenes a *discernir entre fuentes de información fiables y no fiables*. Los estudiantes tendrían que comprender que no todo lo que se puede encontrar en internet es cierto y que es necesario examinar las fuentes de la información antes que confiar en ella. Esto incluye entender el papel que juegan los algoritmos en determinar qué información ven en las redes sociales y cómo esto puede sesgar su percepción del mundo.

Además, *es crucial enseñar a los jóvenes a reflexionar sobre su propio uso de la tecnología*. Esto incluye cuestionar qué valor aporta la tecnología a su vida, cómo interactúan con ella y cómo esto afecta a su bienestar mental y emocional. Tendrían que ser conscientes de cómo las empresas tecnológicas diseñan sus productos para fomentar el engaño y el uso constante, y ser capaces de resistir estas tácticas.

Finalmente, se tendría que animar a los jóvenes a *reflexionar sobre el papel más amplio de la tecnología en la sociedad*. Esto incluye entender las implicaciones éticas y sociales de la inteligencia artificial, el uso de datos personales y la vigilancia digital, así como reflexionar sobre cómo la tecnología puede ser utilizada tanto para el bien como para el mal.

Desde este apartado, hacemos una serie de recomendaciones para fomentar el espíritu crítico en el uso de las tecnologías digitales:

1. *Enseñar a valorar las fuentes*. Es importante enseñar a los jóvenes a identificar y valorar la credibilidad de las fuentes de información en línea. Tendrían que saber cómo verificar las fuentes, reconocer las características de una noticia falsa o de un rumor, y comprender que la información puede estar sesgada.

2. *Fomentar la autorreflexión sobre el uso de la tecnología*. Ayudar a los estudiantes a entender cómo utilizan la tecnología y a ser críticos con su propio uso. Pueden reflexionar sobre cómo se comunican en línea, cómo la tecnología afecta a sus relaciones y si el uso que hacen de la tecnología aporta valor a su vida.

3. *Concienciar sobre el uso de datos personales.* Sensibilizar sobre la importancia de la privacidad y la protección de datos. Enseñar a los jóvenes a leer y entender las políticas de privacidad y uso de datos personales de las páginas web y aplicaciones que utilizan.

4. *Debatir sobre temas de tecnología y sociedad.* Organizar debates sobre temas como la inteligencia artificial, la privacidad, la vigilancia digital, etc. Ello fomenta la reflexión crítica sobre cómo la tecnología puede afectar a la sociedad y los derechos humanos.

5. *Estudiar casos sobre el uso ético de la tecnología.* Utilizar estudios de caso para discutir sobre el uso ético y no ético de la tecnología. Ello puede incluir casos de ciberataque, violaciones de la privacidad, uso de datos personales por parte de las empresas, etc.

6. *Fomentar la alfabetización mediática.* La alfabetización mediática, que incluye la comprensión de cómo funcionan los medios de comunicación y la publicidad, es esencial para desarrollar el pensamiento crítico. Esta formación puede ayudar a los estudiantes a comprender cómo los contenidos en línea pueden estar diseñados para manipular sus emociones u opiniones.

7. *Fomentar la curiosidad y el aprendizaje continuo.* Alentar a los estudiantes a mantenerse actualizados sobre los desarrollos en el campo de la tecnología y a continuar aprendiendo sobre esta materia a medida que evoluciona. La disposición para aprender y adaptarse es clave para una reflexión crítica efectiva.

8. *Promover una actitud respetuosa y empática.* Es importante recordar que, a pesar de las múltiples capas de digitalización, al final de la línea hay otra persona. El respeto y la empatía son esenciales cuando se comunican o interactúan en espacios digitales.

En resumen, fomentar la reflexión crítica en el uso de la tecnología no es solamente una habilidad esencial para la ciudadanía digital, sino también una parte vital de preparar a niños y jóvenes para un futuro cada vez más digital e interconectado.

Esta sección se centrará en la brecha digital que afecta a la gente mayor, discutiendo los desafíos que este grupo afronta en el uso de la tecnología y la necesidad de abordar esta cuestión.

Según la Dirección General de Sociedad Digital (2019) del Departamento de Políticas Digitales de la Generalitat de Catalunya, la ONY y el Fórum Económico Mundial nos avisan de que la humanidad está frente a tres grandes retos globales: el reto migratorio, el cambio climático y la revolución digital. La humanidad ya ha vivido unas cuantas revoluciones tecnológicas, pero a diferencia de las anteriores, esta las supera exponencialmente en velocidad y en amplitud de impacto. Internet está transformando la vida de las personas, la industria y los servicios. Y lo ha hecho en solo veinticinco años.

En este sentido, el rápido avance de las tecnologías digitales y su creciente integración en la vida cotidiana está cambiando la forma de vivir, de relacionarse, de trabajar y de aprender. Así, a lo largo de las últimas tres décadas, y de forma más acentuada en los últimos quince años, se ha ido configurando una nueva competencia: la competencia digital de la ciudadanía. Lo ha hecho en paralelo a la expansión de las tecnologías de la información y la comunicación (TIC) en la sociedad y, sobre todo, a partir de su incorporación en distintos niveles y sectores (escolares, asistenciales, servicios...).

Por otro lado, la crisis sanitaria de la COVID-19 ha puesto en evidencia la urgente necesidad formativa de los ciudadanos en general y de las personas mayores en particular y ha hecho emerger los grandes déficits que tenemos en este sentido. Esta revolución a la que nos estamos refiriendo está generando una onda tecnológica que, a diferencia de las anteriores, es disruptiva y que hace que la forma tradicional de abordar una buena parte de la actividad profesional se vuelva obsoleta en un tiempo mínimo, obligando a las administraciones a rediseñar sus procesos para acometerlos de nuevas formas y con nuevas miradas radicalmente distintas. Será importante que estas, y en consecuencia sus políticas públicas, reconozcan los beneficios de las tecnologías, y sean capaces de gestionar y liderar el cambio.

Un cambio orientado a acompañar a la ciudadanía en general y a las personas mayores en particular a tener más posibilidades llegar a ser competentes digitalmente desde la perspectiva más genérica del término.

En esta línea, está demostrado que las personas mayores conectadas son más activas mentalmente y que el uso de las tecnologías digitales les aportan beneficios:

1. Mejora de la calidad de vida, sobre todo cuando la actividad se practica en grupo, ya que se trabajan habilidades y características sociales como la interacción.
2. Les ayuda a mantenerse activos y saludables. El aprendizaje de las tecnologías digitales estimula la actividad mental de las personas mayores.
3. Favorece la autonomía, fortaleciendo la independencia.
4. Fomenta la socialización a partir de la comunicación e interdependencia con otros usuarios.
5. Permite mantener y ampliar la red de contactos. El correo electrónico y la mensajería instantánea agilizan la comunicación con otras personas.
6. Se mantienen al día, informados y actualizados, teniendo además la posibilidad de estar en contacto con los diferentes medios de comunicación existentes.
7. Les permite estar muy cerca de quienes están muy lejos a partir de aplicaciones específicas de videoconferencia.

8. Les permite acceder y no quedarse fuera de gestiones y cuestiones administrativas digitales de la vida cotidiana (bancos, reservas, trámites…).

9. Les permite tener acceso al ocio y entretenimiento [en línea].

Y es que las tecnologías digitales son un instrumento muy efectivo para combatir la discapacidad, la dependencia y la soledad, ya que ofrecen una gran cantidad de posibilidades aplicadas a la vida diaria, abarcando ámbitos comunes como pueden ser el ocio o el entretenimiento e incluso otras más funcionales o técnicas. Además, son un gran instrumento para sentir que aún están dentro de la sociedad, que no se mantienen al margen.

Aunque las tecnologías digitales suponen muchas ventajas para las personas mayores, muchas de ellas se sienten alejadas. Esta sensación genera una brecha digital que es importante que vayamos reduciendo. Veamos con un poco más de detalle las razones de este alejamiento:

1. La falta de recursos económicos. El acceso a los dispositivos y la tecnología más actual está limitado, generalmente, por unos costes elevados.

2. El desconocimiento y la falta de formación. Muchas personas mayores desconocen los usos de esos dispositivos, que les puede ayudar a mejorar su calidad de vida, y en consecuencia no están formados para utilizar con solvencia los aparatos tecnológicos. Cuesta encontrar formación adecuada para este colectivo.

3. Resistencia y reticencia a utilizar las tecnologías digitales, ya sea por vivencias anteriores, experiencias previas o creencias personales.

4. La complejidad de su uso y el miedo asociado. A muchas personas les angustia el hecho de adentrarse en un mundo complejo: tienen miedo a equivocarse, a cometer errores que no sepan resolver, a borrar información sin querer, es decir, tienen miedo a utilizar

aparatos y tecnologías digitales y a adentrarse en el mundo digital.

5. La exclusión de la tercera edad de los anuncios de productos tecnológicos, que raramente protagonizan las personas mayores. Son productos que no van dirigidos a este sector de la población, cosa que les genera un sentimiento de indiferencia y no pertenencia a la sociedad digital.

Por ello, algunos de los retos que el contexto sociotecnológico tiene que abordar con una cierta urgencia en este colectivo en riesgo de exclusión digital son estos:

1. Resistencia a la adopción de la tecnología. Muchas personas mayores pueden sentirse intimidadas o inciertas sobre el uso de la tecnología, sobre todo si no la han utilizado antes. Ello puede provocar que sean reticentes a aprender.

2. Falta de capacitación. El acceso a una formación adecuada puede ser un problema, sobre todo en zonas rurales o en comunidades menos favorecidas.

3. Problemas de salud. Problemas de salud como la pérdida de visión, la pérdida de oído o el deterioro de la memoria pueden dificultar el uso de la tecnología.

4. Diseño no inclusivo de la tecnología. Algunas tecnologías no están diseñadas pensando en la gente mayor, con botones pequeños, textos con letras pequeñas o interfaces de usuario poco prácticas.

5. Falta de apoyo continuado. Aprender a usar la tecnología puede requerir apoyo continuado, y no todo el mundo puede tener acceso a esta ayuda constante.

6. Coste de la tecnología. Las finanzas pueden ser una barrera significativa. No todos se pueden permitir dispositivos tecnológicos nuevos o planes de datos costosos

7. Seguridad y privacidad. Las personas mayores pueden ser un objetivo atractivo para los criminales ciberné-

ticos. Tenemos que asegurarnos de que conozcan y puedan aplicar prácticas seguras de internet.

8. Sentirse aislados o superados. Algunos ancianos se pueden sentir superados o aislados por el uso creciente de la tecnología en la comunicación diaria y en las transacciones.

9. Limitaciones de infraestructura. No todas las zonas tienen un acceso fiable a internet de banda ancha, lo cual puede limitar el acceso a la tecnología digital.

10. Falta de concienciación. Algunas personas mayores pueden no ser conscientes de todos los beneficios que la tecnología les puede ofrecer, como por ejemplo el acceso a la información, conectividad con los seres queridos, servicios médicos a distancia, etc.

11. Velocidad de la evolución tecnológica. La tecnología está evolucionando a un ritmo tan rápido que puede ser difícil mantenerse al día, incluso para las personas que están familiarizadas con ella.

12. Subestimación de sus capacidades. Muchos ancianos tienden a subestimar su capacidad para aprender a usar nuevos dispositivos o programas, lo que puede obstaculizar su disposición para el aprendizaje.

13. Integración social y tecnológica. La tecnología puede ser un instrumento potente para la integración social, pero puede ser un reto ayudar a las personas mayores a ver cómo los instrumentos digitales pueden enriquecer sus relaciones y experiencias sociales.

14. Acceso a contenidos adecuados. No todo el contenido digital es adecuado o interesante para las personas mayores. Puede haber un reto para contenidos que sea pertinente y atractivo para este grupo de edad.

15. Desigualdades de género. Las desigualdades de género en el uso de la tecnología son aún visibles entre las persones mayores, con mujeres con frecuencia menos expuestas a la tecnología.

16. Reconocimiento de los beneficios de la tecnología. Puede ser un reto convencer a la gente mayor de los beneficios personales y prácticos del uso de la tecnología, como mantenerse en contacto con la familia, acceder a servicios de salud o realizar compras.
17. Aprender a usar nuevas plataformas. A medida que se desarrollan nuevas plataformas y servicios, puede ser un reto garantizar que la gente mayor tenga las habilidades necesarias para mantenerse al día y continuar participando activamente en la sociedad digital.

Recordemos que, a pesar de que estos retos son significativos, su presencia no tendría que desanimar las iniciativas para reducir la brecha digital. De hecho, reconocer estos retos es el primer paso para afrontarlos de forma efectiva.

Para afrontar estos retos, desde las políticas públicas, ámbitos del sector privado y juntamente con expertos en pedagogía y tecnología educativa tendrían que tener una comprensión profunda de las necesidades, deseos y temores de la gente mayor. Tendrían que trabajar para desarrollar programas de formación atractivos, eficaces e inclusivos, y promover el desarrollo de tecnologías que sean fáciles de utilizar y accesibles para todo el mundo.

El papel de las familias en la educación digital

En este apartado se discutirá el papel crucial que juegan las familias en la educación digital de los niños y adolescentes, incluyendo la necesidad de proporcionar orientación y apoyo.

Hay un aspecto que es clave en todo este tema de las tecnologías digitales hoy en día: los adultos debemos ser modelos a seguir para los niños y adolescentes en el uso de la tecnología. Y muchos adultos no somos ejemplares en este aspecto, lo cual crea un problema para los jóvenes que buscan referentes. Y la solución no es prohibir, ya que ello puede conducir a un deseo más grande de explorar todo lo que va en contra de las reglas establecidas.

La familia, los centros educativos, la esfera relacional y comunitaria, el grupo de iguales y otros agentes educativos no formales juegan un papel caudal en la prevención y promoción de la salud respecto al uso de las tecnologías digitales. Así, es importante que estos actores ayuden a acompañar a los niños, adolescentes y jóvenes en el abordaje preventivo y educativo de las tecnologías digitales. Y el ejemplo y los buenos referentes lo son todo en la educación.

Por una parte, lo principal es que las familias compartan tiempos, espacios y actividades de ocio conjuntas para promover la comunicación, la transmisión de valores y los aprendizajes. Estimular y motivar a los más jóvenes para que participen en actividades deportivas, musicales, culturales y de socialización es clave para que sean capaces de encontrar bienestar de formas distintas y se convierte en un factor esencial de protección frente a conductas de riesgo.

Por otra parte, como decíamos, es recomendable que los referentes adultos practiquen el ejemplo y compartan estas actividades de tiempo libre con sus hijos e hijas. Y, sobre todo, que los adultos conozcan exactamente cuál es el consumo mediático que hacen niños y adolescentes; que no vivan al margen del ámbito sociotecnológico, es decir, no saber quiénes son los *influencers*, influyentes, más destacados en cada edad, las *apps* y redes sociales más habituales y de más consumo y cuáles son los canales mediáticos más relevantes puede ser un problema en estos momentos.

La familia juega un papel clave en la educación digital. Cuando se establece una relación parental positiva, la familia puede actuar como factor de protección y acompañamiento en la prevención y detección precoz del uso problemático de las tecnologías digitales y del desarrollo de conductas potencialmente adictivas. Ello permite ayudar a los niños, adolescentes y jóvenes a interaccionar con los medios de forma madura y autónoma, a descubrir las ideologías y valores presentes en los entornos digitales, a desarrollar su sentido crítico y a tomar decisiones razonadas.

Recordemos que en el ámbito de las tecnologías digitales no acostumbramos a hablar directamente de adicciones, sino más bien de adicciones comportamentales, y hacemos una distinción importante entre adicción comportamental y consumo excesivo (Generalitat de Catalunya, 2022).

Como hemos visto, el papel de la familia en la educación digital es fundamental para prevenir y abordar los problemas asociados al uso inadecuado de las tecnologías digitales. Algunos de los principios más importantes que la familia debería tener en cuenta son:

1. Establecer una relación parental positiva. Una relación de confianza y comunicación abierta entre padres e hijos es esencial para abordar la educación digital. Ello implica escuchar y comprender las preocupaciones de los hijos y estar dispuesto a dialogar sobre el uso responsable de las tecnologías digitales.
2. Actuar como modelo. Los padres tienen que ser un ejemplo positivo en el uso de las tecnologías digitales. Es importante mostrar un comportamiento equilibrado y responsable, establecer límites y normas claras y respetarlas.
3. Establecer límites y supervisar su uso. Es importante establecer horarios y límites en el uso de las tecnologías digitales. Ello puede incluir establecer tiempos de uso de diario, zonas libres de tecnología en casa y supervisar las actividades en línea de los hijos para garantizar su seguridad.
4. Fomentar la competencia digital. La familia tiene que promover la adquisición de competencias digitales de

los hijos, como por ejemplo la capacidad de buscar información fiable, evaluar críticamente los contenidos en línea y proteger la privacidad en línea. Esto se puede hacer a través del acompañamiento y la educación mediática.

5. Promover el equilibrio y la diversidad de actividades. Es importante fomentar una variedad de actividades fuera de las pantallas, como el deporte, la lectura, las actividades artísticas y sociales. Ello ayuda a mantener un equilibrio saludable entre el uso de las tecnologías digitales y otros aspectos de la vida.

6. Estar atentos a los cambios en el comportamiento. Es fundamental que la familia esté atenta a los cambios en el comportamiento de los jóvenes, como pueden ser la aparición de problemas emocionales, aislamiento social, disminución del rendimiento académico o cambios en los hábitos de sueño y alimentación. Estos cambios pueden ser indicativos de un uso problemático o adictivo de las tecnologías digitales y requieren una intervención adecuada.

7. Fomentar la conciencia crítica. La familia tiene que promover la capacidad de los jóvenes para evaluar críticamente la información en línea, identificar noticias falsas y comprender los riesgos asociados al uso de las tecnologías digitales. Ello implica enseñarles a buscar fuentes fiables, a contrastar información y a ser conscientes de los posibles peligros en línea.

8. Promover la privacidad y la seguridad en línea. Es importante educar a los jóvenes sobre la importancia de proteger su privacidad en línea, cómo gestionar las contraseñas, el acoso en línea y el ciberacoso. Es también primordial utilizar instrumentos de seguridad como filtros parentales y bloqueadores de contenido para proteger a los jóvenes de contenido inadecuado.

9. Establecer normas de comportamiento en línea. La familia tiene que trabajar con los jóvenes para establecer normas de comportamiento en línea, como: respetar a los demás, evitar el acoso, ser conscientes de las consecuencias de sus acciones y ser responsables de los contenidos que comparten.
10. Fomentar la participación activa. La familia debe promover la participación activa de los jóvenes en la creación de contenido en línea, como pueden ser blogs, vídeos o redes sociales. Esto puede ayudarles a desarrollar habilidades digitales y a comprender mejor el funcionamiento de las tecnologías.

LA NECESIDAD DE FOMENTAR LA AUTORREGULACIÓN EN EL USO DE LA TECNOLOGÍA

Esta sección se centrará en la importancia de la autorregulación en el uso de la tecnología, destacando la necesidad de que los jóvenes aprendan a establecer límites en su interacción con los instrumentos digitales.

Tal y como hemos subrayado, hay que ayudar a niños y adolescentes y darles estrategias para autorregularse en el uso de la tecnología. Creemos que una persona competente digitalmente no solo es quien conoce los instrumentos, los espacios y los lenguajes digitales, sino aquella que es capaz también de decir "no" o "basta" cuando es necesario en todo este nuevo ecosistema.

Cuando hablamos, pues, de la capacidad de autorregulación nos estamos refiriendo a la capacidad de tomar decisiones conscientes y responsables sobre su tiempo y el uso de dispositivos electrónicos. El hecho de poder animarles a reflexionar sobre cómo se sienten después de utilizar la tecnología durante largas horas, a establecer metas y objetivos para el uso de la tecnología y a hacer pausas regulares para descansar y realizar otras actividades es un factor educativo clave en las escuelas y los hogares.

Fomentar la autorregulación permite a los jóvenes tener un control mayor sobre su empleo de la tecnología y evitar el uso excesivo o problemático.

Algunas recomendaciones para la autorregulación en la utilización de la tecnología son:

1. Establecer límites de tiempo. Fijar un período específico para el uso de la tecnología y respetar este límite. Utilizar alarmas o temporizadores para recordar cuándo se tienen que dejar de utilizar los dispositivos.

2. Practicar pausas regulares. Hacer pausas periódicas durante el uso de la tecnología para descansar los ojos, estirarse y hacer otras actividades. Esto ayuda a prevenir la fatiga y a mantener un equilibrio saludable.

3. Establecer zonas libres de tecnología. Designar espacios del hogar o de su habitación en los que no esté permitido el uso de dispositivos electrónicos. Esto fomenta otras actividades y ayuda a reducir la dependencia de la tecnología.

4. Establecer una rutina equilibrada. Planificar su día de manera que haya tiempo para diferentes actividades, como el estudio, el ejercicio físico, las relaciones sociales y otras aficiones. Esto ayuda a mantener un equilibrio entre el uso de la tecnología y otros aspectos de la vida.

5. Practicar la consciencia plena. Cuando se utilice la tecnología, intentar ser consciente de su comportamiento y de sus emociones. Observar si se está utilizando la tecnología de forma compulsiva o si se siente ansioso/a o irritado/a cuando no puede hacerlo. La conciencia plena puede ayudar a tomar decisiones más conscientes y a regular el uso de la tecnología.

6. Establecer normas personales. Definir sus propias normas y límites en el uso de la tecnología. Esto puede

incluir cosas como no utilizar el teléfono durante las reuniones o las horas de dormir, o no revisar las redes sociales antes de terminar las tareas importantes. Establecer reglas personales permitirá tener más control sobre el uso de la tecnología.

7. Establecer metas y objetivos. Fijarse metas y objetivos claros para el uso de la tecnología. Esto puede incluir limitar el tiempo dedicado a las redes sociales, utilizar aplicaciones de productividad para tareas específicas o aprender nuevas habilidades en línea. Tener objetivos concretos puede ayudar a utilizar la tecnología de forma más intencionada y evitar el uso excesivo o improductivo.

8. Practicar la desconexión digital. Dedicar tiempo regularmente para la desconexión digital, como apagar los dispositivos durante las horas de sueño o establecer períodos de tiempo sin acceso a las redes sociales. Esto permite descansar y recargarse sin la distracción constante de la tecnología.

9. Buscar apoyo y ayuda. Si tiene dificultad para la autorregulación en el uso de la tecnología, hay que buscar apoyo y ayuda. Puede hablar con amigos, familiares, profesionales para recibir consejos y estrategias a la hora de gestionar mejor el uso de la tecnología. También hay aplicaciones y recursos en línea que pueden ayudar a monitorizar y controlar su tiempo de uso.

Reconocer las señales de alerta en el comportamiento de los jóvenes

Esta sección se centrará en la identificación de señales de alerta en el comportamiento de los jóvenes que podrían indicar un uso inadecuado o perjudicial de la tecnología.

Según la Generalitat de Catalunya (2022), los signos de alerta más relevantes en el comportamiento de los jóvenes son:

1. Concentración excesiva en las actividades de la red y falta de respuesta a estímulos externos.
2. Tensión muscular o excitación mientras realiza la actividad y no perder de vista la pantalla en ningún momento.
3. Necesidad constante de conectarse a la red o ansiedad en ausencia de cobertura, móvil u ordenador.
4. Inquietud, angustia, depresión o irritabilidad cuando no puede realizar la actividad.
5. Discusión con familiares sobre el uso de la tecnología.
6. Dormir menos de lo necesario para jugar o conectarse de noche.
7. Pérdida de interés por otras actividades lúdicas o sociales y aislamiento de los amigos.
8. Pérdida de la noción del tiempo y falta de respeto a los horarios pactados.

Estos signos de alerta son indicativos de una posible adicción comportamental a la tecnología y requieren atención e intervención adecuados por parte de los adultos responsables.

Recomendaciones generales

Este apartado tiene la intención de dar una serie de consejos generales que recogen buena parte de las ideas de la conferencia.

Las ideas se podrían ordenar según los siguientes campos:

1. Promover la alfabetización digital y las competencias necesarias para el uso responsable y seguro de las tecnologías de la comunicación e internet.
   a. Fomentar el uso de las nuevas tecnologías para la resolución de problemas.
   b. Promover la lectura y la reflexión crítica sobre el contenido en línea.
   c. Fomentar la reflexión crítica sobre el uso de las nuevas tecnologías y su influencia en la vida cotidiana.

    d. Incentivar el uso de las nuevas tecnologías para la investigación y el aprendizaje autónomo.

2. Fomentar la participación activa y crítica de los niños y jóvenes en el entorno digital, así como su capacidad para la creación de contenidos digitales.

    e. Animar al uso de las nuevas tecnologías para la creación de contenido original.

    f. Impulsar el uso de las nuevas tecnologías para actividades educativas y creativas.

    g. Fomentar el uso de las nuevas tecnologías para la comunicación y la colaboración.

    h. Utilizar las nuevas tecnologías para la colaboración en línea.

3. Garantizar la seguridad, la privacidad y la protección de los datos personales de niños y jóvenes en el entorno digital.

    i. Establecer normas claras para el uso de las redes sociales.

    j. Fomentar la participación de los padres en la supervisión del uso de las nuevas tecnologías durante las actividades sociales.

    k. Prevenir y abordar el ciberacoso y otras formas de violencia en línea.

    l. Promover la igualdad de género y la no discriminación en el entorno digital.

4. Establecer límites claros en el uso de las tecnologías digitales por parte de los niños y los jóvenes.

    m. Restringir el uso de las nuevas tecnologías en casa y en el colegio.

    n. Reducir el uso de las nuevas tecnologías durante las vacaciones.

    o. No utilizar tecnologías durante las actividades sociales.

    p. Establecer rutinas saludables para el uso de las pantallas antes de ir a dormir.

5. Fomentar la comunicación y el diálogo entre niños, jóvenes y adultos sobre el uso responsable y seguro de las tecnologías de la comunicación e internet.

q. Que los padres participen en la gestión del uso de las nuevas tecnologías.

6. Promover la creación de contenidos digitales positivos y educativos para los niños y jóvenes.

7. Establecer mecanismos de denuncia y apoyo para las víctimas de ciberacoso u otras formas de violencia en línea.

8. Facilitar la cooperación entre las distintas partes interesadas, es decir las organizaciones de la sociedad civil y las familias, para garantizar los derechos de los niños y jóvenes en el entorno digital.

9. Animarlos a realizar otras actividades más allá de las estrictamente digitales.

10. ¡Estemos alerta! ¡Estemos atentos! Pongamos la antena en todo lo que consumen, ven y escuchan. ¡Y seamos positivos!

Referencias bibliográficas relevantes

Chul Han, B.: *La sociedad del cansancio*. Barcelona: Herder, 2012.

Fullan, M., Quinn, J., Drummy, M., & Gardner, M.: *Education Reimagined; The Future of Learning* [en línea]. NewPedagogies for Deep Learning y Microsoft Education, 2020. Disponible en: http://aka.ms/HybridLearningPaper

Fundació Ferrer i Guàrdia: *Bretxes digitals: noves expressions de les desigualtats*. Disponible en: https://www.ferrerguardia.org/download/BRETXADIGITAL2020_CAT.pdf

Generalitat de Catalunya: *Les tecnologies digitals a la infància i l'adolescència* [en línea], 2022. Disponible en: https://govern.cat/govern/docs/2022/09/28/11/29/4930d590-e484-42eb-a98a-a8444f4563a9.pdf

Gisbert, M., Prats, M. À., Cabrera, N.: *Aprenentatge mòbil. Com incorporar els dispositius mòbils a l'aprenentatge?* [En línea], Barcelona: Fundació Jaume Bofill, Informes Breus (58), 2015. Disponible en: https://fundaciobofill.cat/uploads/docs/e/s/o/k/r/v/q/o/s/informebreu58.pdf

Gisbert, M., Prats, M. A.: *Educació i tecnologia. Polítiques públiques i qualitat: dimensions prioritàries per a un ús eficient* [en línea]. Barcelona: Fundació Jaume Bofill, Reptes de l'educació a Catalunya, 2018. Disponible en: https://fundaciobofill.cat/uploads/docs/p/l/h/f/k/e/0/v/y/02_cap-2anuari2018.pdf

Harari, Y. N.: *21 lliçons per al segle XXI*. Barcelona: Editorial 62.

Prats, M. À. *Viure en digital. Com eduquem per al món d'avui.* Vic: Eumo, 2022.

Prats, M. À., & Sintes, E.: *Cómo impulsar la transformación digital en la escuela* [en línea]. Barcelona: Fundació Jaume Bofill, 2021. Disponible en https://fundaciobofill.cat/publicacions/educacio-hibrida

Síndic de Greuges: *La protecció dels infants i els adolescents en l'entorn digital* [en línia]. Barcelona: Síndic, 2022. Disponible en https://www.sindic.cat/site/unitFiles/9018/Informe%20xarxes%20digitals_cat_def.pdf

Unesco: *A Global Framework of Reference on Digital Literacy Skills for Indicator 4.4.2* [en línea]. Montreal: UNESCO Institute for Statistics, 2018. Disponible en: http://uis.unesco.org/sites/default/files/documents/ip51-global-framework-reference-digital-literacy-skills-2018-en.pdf

Unesco: *Declaración de Incheon y marco de acción para la realización del objetivo de desarrollo sostenible 4* [en línea], 2018. Disponible en https://unesdoc.unesco.org/ark:/48223/pf0000245656_spa

Unicef: *Impacto de la tecnología en la adolescencia* [en línea]. Madrid: UNICEF, 2021. Disponible en: https://www.unicef.es/publicacion/impacto-de-la-tecnologia-en-la-adolescencia

World Economic Forum: *New Vision for Education. Unlocking the Potential of Technology* [en línea]. Ginebra: World Economic Forum, 2015. Disponible en: https://widgets. weforum.org/nve-2015/ - http://www3.weforum.org/docs/ WEFUSA_NewVisionforEducation_Report2015.pdf

LA ELABORACIÓN DEL PROYECTO DE VIDA EN PERSONAS CON ADICCIÓN

Francesc Torralba

Consideraciones preliminares

El objetivo de este capítulo consiste en explorar la noción de *proyecto vital*, la cual es fundamental para poder ayudar a personas que sufren algún tipo de adicción.

Partimos de las siguientes convicciones:

1. Todo ser humano, más allá de sus rasgos, características y estados patológicos, posee una dignidad inherente y debe ser respetado y cuidado a lo largo de toda su vida.

2. Todo ser humano tiene derecho a autodeterminarse, a proyectar su propia existencia y a ejercer sus libertades civiles (libertad de expresión, de creencias, de pensamiento, de movimientos y de participación).

3. Los seres humanos que experimentan alguna adicción necesitan, especialmente, de la solidaridad y de la corresponsabilidad de los demás para llevar a cabo sus proyectos de vida. Para ello, resulta esencial combatir el estigma social y la tendencia a la exclusión y a la marginación. Romper tópicos y prejuicios es una exigencia básica.

El proyecto de vida es un concepto que incluye, necesariamente, los siguientes elementos:

1. Presupone la idea de libertad, la competencia para autodeterminarse y gobernar la voluntad con el objetivo de realizar un determinado fin.
2. Implica la capacidad de planificar el futuro, lo cual requiere de un ejercicio de razón e imaginación que hace posible la anticipación de escenarios vitales.
3. Requiere del apoyo de la comunidad (terapéutica, social y familiar) para poder desarrollar los propios anhelos, pues, aisladamente, resulta imposible articular ningún proyecto de vida.
4. A través de este proyecto, el ser humano trata de alcanzar cierta calidad de vida y su realización personal.
5. El trabajo constituye un elemento clave en el desarrollo de este objetivo y en el proceso de emancipación. A través de él, el ser humano aporta un bien a la sociedad y, por ello, percibe recursos económicos para poder sostenerse.
6. Los vínculos afectivos juegan, también, un papel decisivo en la articulación del proyecto vital. Todo individuo necesita una comunidad afectiva, ser significativo y relevante para alguien. Esta necesidad de reconocimiento y de estima es clave para alcanzar la realización personal.

Las personas que sufren alguna adicción tienen pleno derecho a elaborar sus proyectos de vida, a ser reconocidos moral y jurídicamente y queridos por la comunidad, a determinarse a sí mismos y a perseguir sus horizontes personales.

Un obstáculo para abordar este reto es, precisamente, el paternalismo, que consiste en negar la autonomía potencial del otro por razón de su vulnerabilidad. Frente al paternalismo, que puede adoptar distintas formas (débil o fuerte, consentido o no consentido), resulta esencial reivindicar el empoderamiento, el reconocimiento de las capacidades latentes de la persona.

Solo si se reconocen estas y se ayuda a la persona a desarrollarlas, puede ser empoderada. En este proceso juegan un papel decisivo los buenos hábitos de vida. Estos constituyen rutinas, procesos que se repiten. Hacen posible el pleno desarrollo de las potencialidades de la persona, mientras que los malos hábitos tienen como consecuencia problemas de salud y, en ocasiones, la caída en todo tipo de dependencias. La extirpación de los malos hábitos es difícil cuando están muy enraizados en la persona, pero es la condición indispensable para poder desarrollar un proyecto vital.

Ningún ser humano desea convertirse exclusivamente en un objeto de cuidados. Necesita ser atendido, dada su constitutiva fragilidad, pero es un sujeto de derechos, alguien que anhela un futuro, que desea realizarse como ser humano, ser útil a los demás, aportar algo valioso al conjunto de la sociedad. Su autoestima depende, en gran parte, de este reconocimiento.

Todos necesitamos de los demás para hacer realidad nuestros proyectos de vida, pero los seres humanos que sufren algún tipo de adicción requieren de un apoyo especial para poder articular sus proyectos de vida.

Por lo que respecta al trabajo, es esencial la colaboración de las fundaciones tutelares, de las cooperativas, de las empresas de economía social, pero también de las empresas mercantiles. En la medida en que estas incluyan en sus propios organigramas a las personas afectadas por la exclusión social, hacen posible la integración y, con ello, facilitan un elemento decisivo del proyecto vital.

Esta integración no es una utopía, sino que es ya una realidad en algunas empresas referentes de nuestro país. Los estudios académicos revelan que la presencia activa de trabajadores de colectivos vulnerables tiene efectos positivos, no solo en los interesados, sino también para la cohesión de la organización y para su productividad. Para ello, es fundamental ofrecer a las personas vulnerables el ámbito adecuado de actividad y una formación específica.

El proceso de elaboración del proyecto vital requiere de confianza. El interesado debe creer en sus posibilidades y en los recursos que se le ofrecen. La crisis de autoestima que sufren muchas personas vulnerables en este ámbito tiene como consecuencia una escasa confianza. Empoderar a estas personas y ayudarlas a estar seguras de sí mismas es básico.

En la elaboración del proyecto de vida se producen caídas y recaídas, rupturas y fracasos. Uno empieza algo, persigue un propósito, pero, a menudo, le falta la tenacidad, el empeño y la constancia para llevarlo a cabo. La puesta en marcha de un proyecto vital requiere de la virtud de la constancia, de la tenacidad y de la paciencia.

Al fin y al cabo, el proyecto de vida es un proceso y no un punto de llegada; su forma verbal es el gerundio y no el participio. Todo ser humano, por vulnerable y deteriorado que esté, contiene un abanico de posibilidades latentes, de capacidades que requieren de oportunidades para poder ser desarrolladas. El objetivo de una institución que alberga a personas vulnerables es, justamente, ofrecer estas oportunidades.

El diseño del proyecto de vida requiere de una serie de fases que desarrollamos a continuación. El conocimiento de la realidad de la persona afectada es imprescindible a la hora de proyectar. La clave es soñar con los pies puestos en la tierra. Cuando el proyecto pierde de vista la realidad de la persona y de su entorno familiar, social, económico y político, es muy probable que sucumba al fracaso.

El acompañamiento por parte del profesional en la elaboración del proyecto de vida de la persona vulnerable es decisivo. Corresponde a los profesionales ayudar a discernir, a evaluar los episodios del pasado, los fracasos y los abandonos, si los hubiere, pero, simultáneamente, tiene que ofrecer estrategias para llevar a cabo sus objetivos. Sin confianza ni esperanza, no hay proyecto vital posible.

Reducir los malos hábitos y, si es posible, extirparlos, es determinante. Para ello, es necesario un acto de consciencia, que radica en percatarse de las consecuencias negativas que tiene para sí mismo y para los demás este conjunto de hábitos. Esta tarea, nada fácil, es inherente a la elaboración del proyecto vital.

Voluntad y sentido de vivir

La voluntad de vivir es inherente a todo ser vivo. Cuando el vivir se percibe anodino, insulso, absurdo, la voluntad de vivir puede menguar e incluso apagarse. Por el contrario, cuando uno tiene una motivación o una razón por la que luchar o, en definitiva, unos objetivos vitales, la voluntad de vivir crece a la máxima potencia y uno es capaz de enfrentarse a todo tipo de dificultades y de adversidades.

Eso significa que existe una íntima correlación entre la voluntad de vivir y el proyecto de vida. Quien tiene un proyecto experimenta deseo de vivir; mientras que quien padece el vacío existencial siente como su voluntad de vivir se apaga.

La vida nos arrastra con su impulso intrínseco, impregnándonos de la esperanza de conseguir algo, aquello que satisfaga nuestros anhelos más profundos. Ante todo, está la expectativa de ser felices, de conseguir el bien que todos anhelamos, aunque cada ser humano define el bien de modo diferente.

Podemos discrepar sobre el sentido y el contenido del bien y de la felicidad, pero difícilmente podemos negar que la búsqueda de ambos constituye un elemento esencial de la vida.

El profesional no está legitimado para juzgar el proyecto de vida de su destinatario, únicamente debe contribuir, en la medida de lo posible, a su realización personal, siempre y cuando tal objetivo no ponga en crisis su salud física, psíquica o social, ni ponga en situación de riesgo el bienestar o la vida de los otros.

El profesional está obligado a colocarse en la posición de dicha persona más allá de lo que significa tradicionalmente la medicina y entrar en un diálogo sobre los argumentos que propone. Eso significa entrar en el pensamiento propio de la persona sin prejuzgarla. El equipo de profesionales también debería poder comprender aquellos momentos en los que no es necesaria su intervención debido a que la persona tiene completa y conscientemente asumida su decisión.

La búsqueda del bien es una meta de la realización humana. No existe un único modo de concebir el bien, sino que contiene una riqueza de significados.

En el diálogo entre el profesional y la persona afectada, es posible discernir gradualmente lo que puede ser más beneficioso para ella, pero cuidando de no proyectar la propia idea de bien en el otro. De esta forma se pueden llegar a conocer aquellas actividades significativas para la persona, que doten de sentido su existencia.

El proyecto de vida no se configura sin los otros. No somos islas, tampoco flechas que vuelan solitariamente hacia sus destinos individuales, sino que realizamos nuestra vida en compañía de otros seres humanos que también aspiran a dotar su existencia de sentido.

No es posible entender *mi* propia realización personal al margen de los demás, siendo en muchas ocasiones este el motivo del sinsentido de muchas personas que se ven en el vacío, depresivas y sin rumbo, porque han olvidado enlazar el sentido de sus vidas en un trenzado del que los otros forman parte esencial.

De ahí que, posiblemente, como dice H. Gollwitzer, la mejor manera de rescatar a las personas de una crisis de sentido, al borde a veces del suicidio, radica en reintegrarlas al entramado social y hacerles ver que los demás necesitan de ellas.[1]

Proyecto de vida y vulnerabilidad

En tanto que animal vulnerable, el ser humano siempre puede fracasar en sus empeños por realizar un determina-

---

1. Cf. GOLLWITZER, H.: *Pregunto por el sentido de la vida*, Sociedad de Educación Atenas: Madrid, 1977.

do proyecto. El fracaso es una posibilidad inherente al ser vulnerable. No tendría sentido referirse a la posibilidad del fracaso en un dios omnipotente pero, en el ser humano, es algo que se debe contemplar, algo con lo que se debe contar. El fracaso, además de ser una situación límite, es como una pequeña muerte personal o, mejor dicho, como la anticipación de lo que será la muerte en mayúsculas.

La adicción no puede considerarse, simplemente, como una alteración de alguna parte del cuerpo humano y menos aún un evento totalmente objetivable. Se trata de una experiencia subjetiva de fractura, de ruptura con el propio cuerpo. La adicción es, pues, una experiencia que se produce, ante todo, en la intimidad del hombre y solo después puede ser tematizada científicamente, medida y manipulada técnicamente.

Tiene un impacto sobre la libertad y sobre la consciencia de la persona que la sufre, no solo en el sentido de que aniquila completa o prácticamente de un modo entero la capacidad decisoria, sino porque a través de ella se pone de relieve el carácter precario e inestable de todo ser humano, que solo algunas veces se insinúa en la existencia.

La adicción debilita la voluntad, transfigura negativamente el horizonte de sentido de la decisión concreta. Concentra toda la atención del sufriente y, en este sentido, lo aísla de los otros, coartando su disponibilidad a la proximidad. El cuerpo que somos tiende a escucharse más, a estar más pendiente de sí. En la adicción, la precariedad de una función obliga a transgredir las propias perspectivas vitales, impide que la disposición hacia el otro hombre se traduzca ágilmente en actos y obras.

En la adicción, el ser humano se siente a sí mismo como a un extraño. El adicto espera reencontrar de nuevo una confidente sintonía con las cosas, espera curarse. La visión que un ser humano tiene de su adicción no puede asimilarse a una conciencia abstracta que pueda poner a distancia el ser del cuerpo. Dicha experiencia es, en este sentido, una epifanía vital de la vulnerabilidad del ser. Como consecuencia de ella, uno se percata de que necesita la ayuda de los demás.

La enfermedad y la muerte ponen en peligro la totalidad del ser humano y no solo la parte inferior de él. Lo que toca al cuerpo, toca a la persona entera. El hombre enfermo enferma todo y no solo su cuerpo. Eso significa que la experiencia de la enfermedad precede y resiste a la abstracción de la antropología dualista, como también a la categorización objetiva del saber científico. Esta experiencia se ofrece como una permanente reserva de significado, como un coagulo de símbolos.

A consecuencia de la experiencia de la enfermedad, aflora la demanda de ayuda, la apertura al otro en términos de necesidad vital. Esta petición de ayuda revela, de un modo nítido, la vulnerabilidad sentida en el propio cuerpo.

La elaboración del proyecto de vida en siete movimientos

Lo que proponemos en esta última parte del documento es una metodología en siete movimientos para llevar a cabo la elaboración del proyecto de vida.

No existe un proyecto dado con antelación, tampoco una aplicación tecnológica para hacerse rápidamente con la respuesta; pero sí distintos itinerarios o caminos para iniciarse en su búsqueda. El estudio de la naturaleza humana no revela cuál es el propósito del hombre en este mundo. Evoca las necesidades, las posibilidades y las tendencias naturales de todo ser personal, pero no lo que dota de significado último a su existencia.

La necesidad de vivir una existencia con significado es común a todos los mortales. Ya sea de un modo consciente o inconsciente, todos tratamos de encontrar un sentido, de hacer que merezca la pena vivir. El sentido no es algo que se pueda comprar o vender. No es un bien de mercado, tampoco un objeto que se obtenga a través de una transacción de tipo económico. Es algo intangible, pero, fundamental.

La elaboración del proyecto de vida es una tarea individual, un proceso mental, emocional y espiritual que, en cada ser humano, dibuja un recorrido particular, unos vericuetos y meandros que solo él puede llegar a describir y a cartografiar. Escribe Alfred Adler: "Existe un algo innato, inherente a la vida: un afán, un impulso, un desarrollarse, un algo sin el cual sería imposible en absoluto imaginársela. Vivir quiere decir evolucionar".[2]

Este afán o conato tiende hacia algo que cada ser humano debe ser capaz de identificar, puesto que es su fin, su razón de ser. El impulso es inherente a la condición humana, pero el horizonte, el fin que se persigue, distingue a unos de otros, así como la intensidad del mismo. El sentido no puede deducirse matemáticamente, tampoco puede inducirse empíricamente. Exige un método de búsqueda, un trabajo interior que nadie puede delegar ni copiar.

El método es, por definición, un camino dividido en distintas fases cuyo fin es alcanzar un objetivo. La palabra compartida, el fluir amistoso de ideas y sentimientos, de silencios y verbos, es clave en este proceso de dilucidar. Es esencial disponer de una comunidad de aprendizaje donde sea posible el intercambio fluido y auténtico de visiones y de perspectivas, pues solo de ese modo puede uno aclarar verdaderamente cuál es el motor, el proyecto de vida, lo que le mantiene a flote cuando todo se derrumba.

No existen fórmulas mágicas para salvarse del vacío, tampoco métodos preventivos con total garantía. El fin del método no es sentenciar cuál es el sentido de la existencia. El fin es que cada cual se formule tal pregunta y halle, por sí mismo, formas para responder a la cuestión. Es un ejercicio mental que requiere de inteligencia y de imaginación, una comunidad de aprendizaje donde sea posible seguir toda la secuencia.

---

2. ADLER, A.: *El sentido de la vida*, Barcelona: Miracle, 1964, p. 255.

Este método incluye siete movimientos: uno, toma de conciencia; dos, conocerse a sí mismo; tres, poseerse; cuatro, determinarse; cinco, gobernarse; sexto, donarse y, finalmente, realizarse.

Uno: Tomar conciencia

El primer movimiento consiste en transitar de la inconsciencia de existir a la conciencia de existir. El objetivo de esta primera operación es tomar conciencia de la propia existencia, percatarse del hecho de estar vivo. Solo tiene razón de ser la indagación del sentido de la existencia, si uno se da cuenta, primero, de que existe, de que está en el mundo pudiendo no estar.

Cuando uno toma conciencia de ello, se pregunta por el fin, por el objetivo, por el *para qué* de su existir. Empieza a interrogarse por lo que, de veras, colma de significado su presencia en este mundo. Entonces la existencia se convierte en algo problemático y uno se interroga por su acción, por lo que hace, por lo que dice, por el sentido de las decisiones que toma.

La conciencia se puede definir como la capacidad intuitiva para descubrir el sentido único y excepcional que se oculta en cada situación. Es lo que Viktor Frankl denomina *el órgano del sentido*.

Por tanto, es una forma de revelación, aunque no en el sentido religioso del término. Ofrece una mirada nueva, que permite captar con más hondura la propia realidad humana y la realidad circundante. No es el fruto de un proceso deductivo ni necesariamente la consecuencia final de un análisis racional.

Nadie puede anticipar cuándo experimentará dicha conciencia, ni en qué momento de su desarrollo emocional y mental se va a dar cuenta de que existe. Cuando, por un motivo u otro, uno capta esta verdad, no puede vivir como antes, deja de estar, para siempre, dormido. Entonces está capacitado para hacer con su vida una obra personal, para existir en libertad y para decidir qué orientación desea dar a su vida.

El resultado de este movimiento es que la vida se convierte en tarea, porque, en el mismo momento, uno capta que debe hacer algo con eso que le ha sido dado, que no puede desperdiciarlo, que dispone de un tiempo y de un talento para hacer algo con ello en el mundo.

Para hacer realidad tal fin, uno se debe preguntar para qué está hecho, qué cualidades tiene su ser, qué riqueza inherente existe en su naturaleza, que debidamente labrada, puede convertir ese don en algo nuevo, bello, en un nuevo nacimiento.

Esto requiere el paso al segundo movimiento: el autoconocimiento.

Dos: Conocerse

El segundo movimiento en la elaboración del proyecto de vida exige el paso de la ignorancia de uno mismo al autoconocimiento.

En sentido estricto, este movimiento no termina nunca, pues el conocimiento de uno mismo no es el conocimiento de un objeto, sino de una realidad que, por definición, no puede ser objetivada. Sin embargo, la exploración de la propia naturaleza es clave para poder captar la vocación fundamental que late en ella, las capacidades latentes y dones que la configuran.

Es imposible aclarar qué es lo que va a dotar de sentido la propia vida si uno no reconoce su propio ser, los anhelos que hay en él, las posibilidades latentes que se vislumbran, el conjunto de capacidades naturales que, debidamente desarrolladas, van a dar bellos frutos.

Muy frecuentemente, uno se descubre a sí mismo persiguiendo un fin ajeno que no responde a su propio ser, sino que ha sido inculcado por agentes externos, por el entorno familiar, cultural o social en el que vive. Esto violenta y frustra, porque el fin resulta artificial y ajeno a la propia naturaleza y, aunque realmente se logre, no colma sus secretas aspiraciones. Cada ser está hecho para un determinado fin, pero este fin no está escrito en su piel ni en su ADN. Debe explorarlo e identificarlo.

Esta es la verdadera aventura humana y lo que está expresado en el conocido oráculo délfico, *conócete a ti mismo*, que muchos pensadores han convertido en el principal imperativo de la acción educativa.

Muy habitualmente, uno se encuentra luchando por algo que no le interesa, se halla metido en batallas que percibe que no son *sus* batallas. Cuando ocurre esto, uno siente que su vida es estéril y absurda, que carece de sentido, que no le pertenece. Es como el soldado que está metido en un campo de batalla, pero no comparte la causa de la lucha, no siente que esa lucha sea *su* lucha. Como consecuencia de ello, está ahí, cumpliendo las órdenes del sargento de turno, pero sin convicción, sin amor por lo que hace, sin poner su vida en ello. Se encuentra luchando por algo que no quiere, pero que le han metido entre ceja y ceja; se halla defendiendo bastiones que no son de su incumbencia. El resultado final es que lucha sin pasión. Ocurre exactamente lo mismo cuando uno se encuentra realizando una actividad que no le llena, que no colma las expectativas de plenitud.

Solo si uno es capaz de liberarse de estas luchas inútiles y desapegarse de estos elementos adventicios que han quedado incrustados en su ser, puede, realmente, descubrir lo que anhela, sus más secretas aspiraciones.

Nadie desea vivir una vida prestada, nadie quiere esforzarse por un objetivo impuesto desde fuera. El ser humano, a través del proceso de autoconocimiento, está llamado a descubrir cuál es su tendencia natural, a qué aspira, qué cree que va a colmar sus ansias de plenitud. También él es un ser de fines, una energía que apunta a un horizonte, pero muy frecuentemente lo ignora, no lo ha meditado. Es un ser en camino, un ente *in fieri*, cuya realización exige tiempo y carácter. No nace acabado, menos aún definido; irrumpe en el mundo como en un campo abierto de posibilidades, pero dispone de un tiempo, su vida, para tratar de hacerlas realidad.

Aspira a la felicidad, está hecho para ser feliz, pero debe explorar el camino, el itinerario que le va a conducir a tal estado de plenitud. En él late un sentimiento de carencia, se percata que le falta algo, busca una perfección que no posee.

Cuando un ser humano, por desidia o por temor, renuncia a ser lo que está llamado a ser, niega su propia singularidad, se produce una pérdida de riqueza en el mundo, pues la riqueza depende, substancialmente de la pluralidad de seres. Cuando un ser humano se limita a plagiar a otro, se ignora a sí mismo y a todo su potencial creativo, la humanidad se empobrece y, por consiguiente, también lo hace el progreso integral de las comunidades y de los pueblos.

Es evidente que la realización del fin depende de muchos factores tanto externos como internos y que es fácil que no se alcance tal plenitud, pero si uno lucha por lo que cree que es suyo, si está metido en una batalla cuya causa ha decidido previamente, pierda o gane, ese tiempo vivido posee sentido.

Nadie desea, como proyecto de vida, ser la copia de alguien, ser la pálida imagen de otro ser humano, por bello, noble e interesante que sea. La emulación no convence, ni es el destino en la condición humana.

La transición de la ignorancia al conocimiento de sí mismo jamás alcanza su cumbre, porque el proceso de conocerse no termina nunca. Se prolonga a lo largo de todo el curso de la vida, pues el *sí mismo*, eso que llamamos la *identidad personal*, no es algo estático, quieto, pétreo en el tiempo, sino algo fluido y mutante, con lo cual solo quien permanentemente ejerce el movimiento de conocerse se percata de los cambios, de las transformaciones de su propia identidad a lo largo de la obra que representa.

La definición de uno mismo acaba siendo una tarea artificial y reduccionista. Se puede definir un objeto, una cosa, una realidad abstracta, pero un ser vivo y dinámico como la persona escapa a toda conceptualización, a todo esquema racional.

El ser humano, por propia esencia, no puede ser definido, delimitado, acotado en una bella descripción. Es un ser que se va haciendo, que deviene, a cada momento, algo que todavía no era. Por él fluyen pensamientos, emociones y recuerdos que no pueden paralizarse; él mismo es una fuente de relaciones que alteran su vida emocional y también su propio modo de ser.

El esfuerzo por conocerse mejor no concluye nunca, pero eso no significa que tal empeño sea fútil o una tarea condenada al absurdo. Se trata de un proceso gradual, de una aproximación de carácter asintótico, que jamás se hace totalmente realidad, pero que uno se acerca progresivamente a ella y, por lo tanto, adquiere más claridad sobre *quién es* y *para qué* está hecho.

En definitiva, solo quien indaga en su ser puede escuchar sus motivaciones fundamentales, sus anhelos y deseos. Solo entonces puede plantearse cuál es la orientación de su existencia acorde con lo que es.

Tres: Poseerse

El tercer movimiento consiste en transitar del conocimiento de sí mismo a la autoposesión. Poseerse a sí mismo es un acto de voluntad; mientras que conocerse es un acto de inteligencia. El verbo *poseer* debe ser interpretado en clave metafórica, pues ningún ser humano puede, en sentido estricto, ser poseído, ni poseer a sus semejantes, dado que no es un objeto.

La práctica de la posesión se relaciona estrictamente con los objetos, con las cosas, pero el ser humano, en virtud de su dignidad, no puede ser poseído. No es algo; es alguien. Uno puede poseer un coche, un piso o un ordenador, pero las personas son de tal naturaleza que no pueden ser poseídas.

La posesión de sí solo es posible cuando uno tiene clara conciencia de sus límites, de la amplitud y de la profundidad de su ser. Es el tercer momento, el que sigue al autoconocimiento. Cuando uno ha detectado esas constantes, esos ejes que definen la propia identidad, los acepta y es plenamente consciente de ello, se puede afirmar que se posee a sí mismo. Sabe quién es, de qué está hecho, qué carácteres lo definen.

Una cosa es saber cuáles son los propios defectos y limitaciones y otra cosa, muy distinta, es reconocerlos. Conocerse a sí mismo no garantiza la autoposesión. En la posesión de sí se da una aceptación de los límites y de las posibilidades, una aceptación que no es resignación, pero que tampoco es fruto de la idealización.

Cuando uno asume este conocimiento, está preparado para vivir conforme a lo que es. Se deshace de aquel castillo ideal que se había construido de sí mismo y fluye espontáneamente. Ya no pretende ser alguien que no es, ni asemejarse a un ídolo, tampoco se plantea horizontes que están reñidos con su naturaleza. Al poseerse, sabe de lo que es capaz, pero también donde tiene límites severos.

Ahondar en lo más íntimo es el único camino viable para poder extraer todo el potencial latente en el propio ser, la riqueza intangible que cada ser humano alberga dentro de sí.

En sentido estricto, nunca jamás llega uno a poseerse totalmente. La novedad siempre está al acecho y en la medida en que uno se va conociendo, también descubre aspectos o dimensiones de su ser que no había anticipado.

La aceptación de uno mismo es la vía esencial para elaborar el proyecto vital. La autoposesión es, en definitiva, la afirmación y aceptación de sí mismo. Escribe el teólogo protestante Paul Tillich (1886-1965): "La autoafirmación de la propia unicidad y la aceptación de las demandas de la propia naturaleza individual constituyen el verdadero valor de ser".[3] En eso consiste esencialmente la posesión de uno mismo.

3. TILLICH, P.: *El coraje de existir*, Barcelona: Estela, 1968, p. 113.

El cuarto movimiento es un acto de la voluntad, la condición posible de la libertad humana. Solo se puede realizar tal paso si uno adquiere consciencia de lo que le determina, de las voces que imperan dentro de su ser. Para ello, tiene que ser capaz de explorar dentro de sí mismo y visualizar esas alteridades que le determinan, que conducen sigilosamente su existencia. Mientras no sea capaz de poner en el plano de la conciencia esas voces predominantes, no podrá descubrir su propia identidad y, menos aún, actuar conforme a ellas.

Un ser se determina a sí mismo cuando tiene el valor de vivir conforme a su voluntad, de actuar de acuerdo con sus intenciones, cuando posee el valor de atreverse a pensar y de actuar por sí mismo, pero ello solo es viable si uno es capaz de escuchar ese *sí mismo*, esa identidad. Precisamente por eso el conocimiento de uno mismo es un movimiento anterior a la autodeterminación y, a la vez, su condición de posibilidad.

Determinarse es un acto de la voluntad. Una vida subyugada, determinada por los otros, sellada con anticipación, difícilmente puede experimentar significado.

Cada ser humano está llamado a hacer de su vida una obra de arte, a realizar su propio viaje; tiene el derecho a errar, a cambiar el rumbo de su vida, para corregir sus carencias. La libertad es una posibilidad humana, pero siempre es una posibilidad finita.

El ser humano no está libre de condiciones; solo es libre de tomar postura frente a ellas. Con todo, las condiciones no le determinan sin más. En última instancia depende de cada ser humano decidir someterse o no a las condiciones. Existe un margen de acción dentro del cual el ser humano puede elevarse por encima de sus condiciones para situarse en la dimensión humana.

Escribe Viktor Frankl: "Mi libertad del modo de ser la conozco en la autoreflexión; mi libertad para la modificación la conozco en la autodeterminación. La autodeterminación se produce con arreglo al imperativo délfico «conócete a ti mismo»; la autodeterminación acontece a tenor del dicho de Píndaro: «Llega a ser el que eres»".[4]

Cinco: Gobernarse

Gobernar es conducir, dirigir. Es un acto de la voluntad que solo puede alcanzar su fin si se persiste con tenacidad en ello. El gobierno de uno mismo presupone el conocimiento de sí, pero también la capacidad de determinarse. Si uno se conoce pero no tiene potencia para orientar la dirección de su vida, no puede llegar a gobernarse, pero si uno se desconoce profundamente, tampoco puede gobernarse, porque el autogobierno significa ejercer la soberanía sobre uno mismo, exhibir control, lo cual presupone el conocimiento de sí.

El buen gobierno requiere el conocimiento de lo que se gobierna, pues solo así se pueden tomar las decisiones adecuadas y esas directrices podrán ser aceptadas y asumidas por el gobernador. Eso vale tanto para el gobierno de uno mismo como para el de una comunidad humana, grande o pequeña.

El ejercicio de cualquier fin, tanto en el orden intelectual como en el físico, exige un entrenamiento de la voluntad, un dominio de sí, condiciones básicas e ineludibles para el autogobierno.

El gobierno de uno mismo es un acto de la voluntad, pero también de la razón. Cuando uno tiene claro qué desea hacer con su vida, posee una visión, necesita organizar su existencia para alcanzar tal fin. La misión es el objetivo, lo que llena de significado la existencia. Cabe la posibilidad de equivocar el tiro. También de fracasar en tal empresa. Eso es vivir: arriesgar, jugársela, optar sin saber cuál es la solución.

Todo ello posee, inevitablemente, una alta dosis de aventura, pero no en el sentido frívolo del término, sino en su

---

4. Frankl, V., *El hombre doliente*, Barcelona: Herder, 1998, p. 178.

sentido más estrictamente narrativo y filosófico. En los libros de aventuras los protagonistas no saben lo que les va acaecer. Están perplejos y deben responder con celeridad a la multiplicidad de escenarios que se suceden a lo largo de su trayectoria vital. Solo es posible el gobierno de sí, si uno es hábil para identificar las presiones externas, los influjos ambientales y permanecer sólidamente instalado en el propio rumbo.

Seis: Donarse

Lo que verdaderamente colma un proyecto vital es la práctica de la donación.[5] Cuando uno puede dar lo que es, su talento, su ser, a los otros, cuando tiene la oportunidad de expresar su yo en el mundo y de contribuir, de este modo, a embellecerlo, a hacerlo más amable, más humano, recibe un valor intangible: el sentido. Se trata de una compensación de tipo emocional, que no puede cifrarse en términos económicos.

Todo ser humano aspira, en el fondo, a darse, pero no siempre sabe qué puede dar, ni tiene ocasión para hacerlo. En algunas ocasiones desconoce su ser; no se posee a sí mismo, con lo cual no puede darse. En otras, se encuentra con obstáculos de todo tipo que abortan su finalidad, que frustran su vocación fundamental, que consiste en darse.

Para poder darse, es condición esencial la liberación del *ego*. Escribe Viktor Frankl: "El ser humano está ahí para superarse a sí mismo, para olvidarse, para perderse de vista, para hacer caso omiso de sí mismo en la medida en que se entrega a una cosa o a un prójimo. Esto es lo que yo llamo *autotrascendencia*. Solo en ella se vuelve el ser humano verdaderamente humano".[6]

Solo colma el proyecto vital el hecho de contribuir a mejorar el mundo, el comprometerse para hacerlo más bello,

---

5. He tratado esta cuestión en *La lógica del don*, Madrid: Khaf, 2012.
6. Citado en Lukas, E.: *Viktor Frankl. El sentido de la vida*, Barcelona: Plataforma, 2007, p. 20.

más noble, más humano. Este es, además, el único modo de dejar rastro en la Historia, de conseguir que la existencia personal no se disuelva en la nada. Queda de nosotros lo que generosamente hemos dado.

Este descubrimiento no se alcanza por la vía intelectual; se experimenta por la vía de la práctica. En el mismo ejercicio libre del don, uno se percata que ahí radica el modo de colmarse.

SIETE: REALIZARSE

Una de las expresiones más equívocas en el lenguaje coloquial se observa en el uso del verbo en forma pasiva: *realizarse*. Se utiliza con frecuencia en distintos contextos y con significados muy variados.

La realización se relaciona, estrechamente, con el sentido. Cuando uno percibe que su tarea laboral posee sentido, reconoce que se realiza a través de ella y goza haciéndola. El objetivo de todo ser humano es, pues, realizarse o, dicho en términos filosóficos, llegar a ser lo que está llamado a ser, pero solo lo alcanza cuando vierte sus dones a la comunidad.

La autorrealización solo es posible si uno vence el fatalismo y se dispone a donar sus talentos al mundo. Escribe Gabriel Marcel que "vivir corre el riesgo de no ser otra cosa que vegetar esperando".[7] Este riesgo siempre está latente y el único modo de prevenirlo consiste en concebir la vida como la gran ocasión para realizarse, para transformar la realidad y experimentar que uno es actor y no un mero espectador.

La autorrealización exige, como condición de posibilidad, la trascendencia de uno mismo. La autotrascendencia, como escribe Viktor Frankl, está en la base del ser humano y se refiere a que este siempre remite a algo que se encuentra más

---

7. MARCEL, G., *Los hombres contra lo humano*, Buenos Aires: Hachette, 1955, p. 145.

allá de sí mismo y que no es él mismo, también puede ser alguien; remite a un sentido que tiene que realizar o a un prójimo con el que se encuentra.[8]

Cuando la vida humana se convierte en un puro vegetar sin esperanza alguna, ya no puede denominarse con propiedad vida humana. Cuando a través de ella se persigue un fin y se lucha para hacerlo realidad, hay vida antes de la muerte.

La elaboración del proyecto de vida no es, en ningún caso, una tarea solitaria. Requiere de algo tan humano y tan noble como la conversación, la apertura al otro. Cuando ese diálogo adquiere el grado de confidencialidad y de complicidad necesarios, se convierte en una herramienta clave para discernir el sentido, el *para qué* de la propia vida.

Conclusiones

El proyecto de vida no puede elaborarse a la primera de cambio. Es el fruto de un proceso, de una labor solitaria y comunitaria. Se requiere el valor de confrontarse a sí mismo en silencio, pero también de dialogar sobre lo que extrañamente es objeto de diálogo: la propia vida.

La relación entre profesionales y usuarios es un ámbito ideal para articular esta conversación, para dilucidar para qué viven, qué es lo que mueve su existencia. Ningún artefacto puede suplir al profesional en este encuentro. Este no puede delegarlo en ninguna máquina, porque solo el ser humano tiene interioridad y sólo él se interroga por el sentido de su existencia.

El proyecto hay que descifrarlo. Germina en cada hora y espera a cada persona. La vida es una ocasión que en cada persona adquiere una forma determinada. Esta oportunidad es un campo de posibilidades, un inventario de horizontes.

---

8. He tratado esta cuestión en *Inteligencia espiritual*, Barcelona: Plataforma, 2010.

Frente a la desconfianza, es necesario mostrar que todo ser humano puede aportar algo en el mundo. Frente al desaliento, resulta fundamental mostrarle que está hecho para amar y para ser amado. Frente a la tentación de huir, es clave que se sienta vinculado, que experimente que es alguien y no algo.